美好的学问

一门让人认清自己和获得永久自由的学问

政治学

美好的学问

本书编写组

中国人民大学出版社
·北京·

目　录

01

国家善治的学科基础

燕继荣　北京大学

燕继荣

北京大学政府管理学院教授、院长。主要研究领域为政治学理论和政治发展。著有《国家治理及其改革》《社会资本与国家治理》《政治学十五讲》等，主编《发展政治学》等，主持翻译《民主的模式》等。任中国政治学会副会长、中国行政管理学会副会长、全国公共管理专业学位研究生（MPA）教育指导委员会副主任委员。

作为一门与现实政治高度契合的学科，政治学从一开始便**与社会的进步、国家的发展休戚相关**。但对于大多数人而言，“政治学”是个熟悉而又陌生的名词，政治学的研究对象是什么？政治学与我们的生活有何关系？以政治为志业或者以政治学为研究专业的人，应该具有怎样的理想和情怀、承担怎样的时代责任？

世界的底层逻辑

现实世界存在两种逻辑——野蛮世界的逻辑和文明世界的逻辑。人类的进步就是一个从野蛮世界向着文明世界进化的过程。野蛮和文明，就是自我和他我、暴力和协商、成王败寇和规则至上的对决；这种对决存在于人际互动、社会交往、国际关系的方方面面。人性本源存在野蛮和文明两种秩序导向，道德、法律、规则，作为文明逻辑的要素，与野蛮逻辑长期斗争，好不容易才形成今天这样的文明格局。

读政治学，绕不开霍布斯（Thomas Hobbes，1588—1679）。我们可以通过多种途径了解这个人。在霍布斯看来，人类初始的自然状态是“一切人反对一切人的战争”（war of all against all）。这是因为，人们在身心两方面的能力都大体相当，因而具有产生达到目的的希望的平等，当这种希望不能满足时，就会成为仇敌。这样的状态其实不只是原始世界才有的状态，而是时刻都可能存在的状态。事实上，如果每个人的“自我”都无限扩张，将“他者”看作是对抗性的存在，主张自我对一切权利的“应得”，那么必将导向人与人之间的冲突，而这正是野蛮世界的底层逻辑。

相反，在一个文明世界里，“我”不仅是“自我”，也是在“我们”中的存在，文明的发展正是“我们”的范围不断扩大的过程。当穷人、奴隶、妇女被逐渐纳入民主的政治体系，当全球文明倡议照亮各国携手构建人类命运共同体，每一次“我们”的扩大，都推动着人类文明的进步。因此，如果说野蛮世界的底层逻辑是诉诸暴力、导向冲突、寻求无限扩张的“我”，那么，文明世界的底层逻辑便是诉诸道理、导向合作、寻求不断扩大的“我们”。

说到文明世界，必须再多说两句。在一个文明世界中，规则和制度产生的外在约束是重要的，它们能够停止纷争，让人们从战争状态走向和平状态。但是，单有外在的约束还不够，一个文明世界还必须有内在的德性。内在的德性就是对同类的尊重和关怀，它的本质是人与人之间的共情和感通，发源于孟子所说的“孺子将入于井”时人人皆有的“怵惕恻隐之心”。人类的美好社会无不以这种内在的德性为支撑，近到邻里之间的守望相助、“一起打保龄球”的社区团结，远到对异国他乡战争、灾害等人类苦难的感同身受、倾囊相助，直至民胞物与、天下大同的情怀，都是内在德性的展现。应当说，这种德性是文明世界的生命所在。一切外在的制度、机制都要在这种德性的润泽和滋养之下，才能焕发其活力，发挥其效能。拥抱文明，告别野蛮，归根结底，是要让更多人拥有这份德性，这也正是政治学这个学科的根本使命所在。

我们不仅期望每一位研究和学习政治学的人，拥有幸福的生活、成功的事业，更期望大家能够明白文明的道理，光大这份德性，做到为政以德，为富而仁。**文明世界和野蛮世界各有逻辑，认清文明世界的底层逻辑，将世界推入文明轨道，是政治学人的责任。**

政治学的两个版本

政治学教给大家的不仅仅是政治知识和管理技能，更重要的是让大家看清世界的本质，认同并践行文明世界的底层逻辑，让外在的制度更加完善、内在的德性更加充盈。用合作代替冲突，用文明对抗野蛮，这就是现代社会赋予我们的责任和使命。

我们听到太多颟顸说法，也见过太多残酷现实——竞争、冲突、斗争、拔刀相见；但切不要以为那是人类行为的全部，决不能认为把对方搞死、成王败寇就是政治学的真谛。政治学教科书有两个版本：一个是冲突斗争政治学，一个是合作包容政治学。冲突还是合作，是政治学人可以选择的立场，基于不同的立场，构建不同的观念和理论，形成不同的行动方案。在政治学的学术传统中，存在两种讲法——（1）政治学研究人与人之间的斗争和冲突，于是，不少人会把政治学理解为研究如何在竞争中克敌制胜；（2）政治学研究人与人之间如何互信并建立合作，所以也有不少人把政治学解读为研究怎样的机制保证人与人和平共处，建立互信合作。前者的主题是竞争，后者的主题是合作。零和博弈，还是利益共享，基于两种不同的哲学，形成两种不同的政治观念。

现代化、全球化、网络化的趋势，将人类世界变成一个休戚与共的命运共同体。诚如中国国家主席习近平所言，“这个世界，各国相互联系、相互依存的程度空前加深，人类生活在同一个地球村里，生活在历史和现实交汇的同一个时空里，越来越成为你中有我、我中有你的命运共同体”。这个共同体的形成需要共同的价值、共同的规则、共同的行动来支持“共享发展”，而不是“独领风骚”。

现实世界存在隔阂、矛盾和斗争，需要有一种反制的力量。政治学不应该播撒仇恨，制造隔阂，鼓励分裂，挑动冲突，而是消弭裂隙，消除矛盾，促进和解，推动合作。因此，从根本上说，政治学并不是传授克敌制胜的技巧，而是研究促成社会合作的门道。

人以群分与集体生活

政治学的古典思想家强调，“物以类聚，人以群分”。这就是说，人总是以群体的形式存在的。马克思主义也坚持认为，人的本质“是一切社会关系的总和”——人是要过社会生活的，也就是说，人只有在和别人的社会交往关系中才能确立自己的存在。这些观点表明，人要过社会生活，所谓社会生活就是集体生活。通俗地说，抱团、结社、组党，这是人之本性。既然要抱团，那这些“团”都有哪些形式，它们如何形成，如何组织，如何发展；这些“团”的组织机制怎么样，权力结构又如何；需要有怎样的规则和机制，哪些事情要禁止，哪些事情要激励？

政治学是关于人的集体生活如何组织、如何安排的学问。这种集体生活包括小到几个人组成的工作、学习、生活、兴趣小组，中到几十人、几百人组成的团体、机构，大到以政府为核心的国家，以及地区合作的跨国组织，乃至全球性的国际组织、国际机构，比如联合国。

集体生活（公共生活）需要集体行动。集体行动关涉几个问题：一个是组织，一个是决策，一个是执行。不同的人要组织在一起，需要有明确的组织目标和良好的组织机制，以防止机会主义行为；之后，要形成合理的集体决策，就要有民主与科学的公共决策，以防止某些人的独断专行和“霸王条款”；决策一经形成，要付诸集体行动，还要保证有效执行，防止徒劳无功。这就使国家－社会、政府－市场、自由－秩序、政治－行政、精英－大众、制度供给－政策供给的关系问题纳入政治学科的范畴，使之成为它的基本问题。

通向国家善治之路

政治学也被理解为专门研究“治国理政”的学科。当今的世界被200多个国家和地区所分割。这些国家和地区各自占有一个特定的地域，拥有一定数量固定的居住人口，形成各自独立的政府，而这些政府又被不同党派所执掌，它们推行不同的政策，实施不同的管理方式。这些国家和地区的治理大都为不同的党派所“承包”，有的长期承包，有的短期承包。国家治理的水平有高有低，有好有坏，治理得比较差的国家通常被称为“失败国家”。当然，谁都不希望自己的国家治理失败，无论是统治者，还是被统治者。但却偏偏有治理失败的国家。因此，政治学还专门研究以国家为单位的“集体”的流变兴衰。

现实生活中，经常发生各种各样的政治纷争。从有文字记载以来，人们思考政治问题，形成了各种各样的意见，而这些意见的立场又大不相同，包括世界主义立场、区域主义立场、国家主义立场、民族主义立场、社会主义立场、个人主义立场。这些不同立场所追求的目标大不相同。世界主义立场追求世界大同，区域主义立场追求地区繁荣，国家主义立场追求国家强盛，民族主义立场强调民族独立，社会主义立场追求社会自治，个人主义立场强调个人权利至上。不同立场的人持有不同的观点，追求不同的目标，这也成为政治现实分歧和冲突的主要根源。

政治学研究经常从国家治理者的视角提出问题：施政的理念是不是恰当，要不要革新？组织制度是不是合理，要不要改善？政策激励是不是恰当，要不要变革？在日常生活中，社会大众也大体依照上述问题，用自己的方式来检测和评估国家治理状况。政治学经常反思公共理念，反思组织制度，反思公共政策，目的在于促进更好的治理效果。

政治学促进国家治理改善大体通过三个通道：第一，面向公民，希望通过政治教化和启蒙来实现公民教育，塑造良好公民。第二，面向社会，经常倡议“社会建设”，目的在于改造社会，实现社会和谐和更好的社会治理。第三，面向国家，希望制度变革与完善，推动政府改革，打造良政，实现善治。

让历史告诉未来

政治学历史悠久，从有文字记载以来，人类关于政治、政治组织、政治生活的思考非常丰富，因此形成了古典理论、现代理论、当代理论。古典理论关注政治的组织形式，强调良政善治；现代理论关注政治的合法性，强调国家的建构；当代理论关注政治的有效性和公共生活的有效性，强调国家治理。

政治学追求良政善治，也形成了不同的流派。它们提供了不同的国家治理方案，比如古典共和主义主张建立一种混合主义的中道政治，强调公民美德对于良政善治的重要性；现代制度主义强调自由、民主、法治、共和的制度保障；现代公共政策学派看重科学决策、民主决策的落实；现代公共选择学派则关注个人理性和集体行动。为了梳理这些不同的理论和实践，政治学科内部形成了不同的专业方向。

今天，政治学内容被分为几大板块：政治思想主要研究不同时代的人们的政治价值和政治主张；政治制度主要研究政权运行的方式与方法；政治行为主要研究不同主体的政治活动和行为取向。从学科划分来看，政治学科又被分为政治理论、国家政治、比较政治、国际政治、外交政策等不同的领域。大学分科十分细致，政治学一级学科下面包括很多不同的二级学科，细分成不同的专业。如果有同学关心自己未来大学的专业选择，就要了解学科的划分，明白一级学科和二级学科，最后确立自己的研究方向。

一个国家的发展总是与学术和思想的进步分不开。从1840年鸦片战争算起，中国现代化进程已经走过180多年。如果把这180多年分成三个阶段，可以看出中国现代化进程的不同状况。在清朝统治的最后70年中，中国作为一个传统的王朝帝国，不断遭受西方国家“坚船利炮”的挑战。帝国治理无方，使中国国家安全和领土领海权益受到极大伤害。中国延续几千年的君主专制制度最终由于辛亥革命（1911年）而画上句号。之后是38年的中华民国，国家又陷入内部分裂、外敌入侵的状态，各派政治势力为了争夺国家的统治权而斗争。这个过程最终以1949年中国共产党执掌政权、国民党败退台湾而终结。

应当承认，中华民国的建立推进了中国国家现代化进程，但终因传统守旧势力强大、社会利益分化严重、缺乏足够强大的主导和整合力量，国家未能完成统合任务，因而也不可能从根本上改变国家贫穷落后、人民艰难困苦的局面。中国共产党的成立，预示一种不同于以往国家现代化方案的探索开始。这种方案从农民和工人等广大劳苦大众的立场出发来解决问题，放弃为“病入膏肓”的中国寻找“良药”的努力，直奔“建造一个新中国”的目标。1949 年以来，中国共产党执政 70 余年，实现了国家政治转型、经济起飞、社会发展，目前正在努力追求面向现代化的治理变革。

中国政治学的贡献

1980 年中国恢复政治学独立学科地位，之后，中国政治学也伴随改革开放和社会主义现代化建设全过程，为国家现代转型提供了重要的论证。回顾 40 余年学科历史，中国政治学的重要贡献至少可以从以下几个方面得到说明：

第一，国家现代转型需要创新政治经济理论，这种政治经济理论既不同于以往自由市场理论，也不同于计划经济理论。在国家转型的政治经济理论构建方面，中国政治学人打破传统理论教条的禁锢与限制，为社会主义市场经济改革提供了论证；同时，创新思想和理论，为社会主义市场机制运用以及政府机制运行提供了论证。今天，市场机制和政府机制的有机配合，已经被确认为中国社会主义市场经济的基本原则。

第二，国家现代转型需要构建政府创新理论，这种创新理论应该为政府改革提供方向。在改革开放的过程中，中国政府几乎每隔 5 年就要推出一轮政府改革，经过不同主题和不同目标的政府改革，最终将“计划型政府”和“发展型政府”两种模式结合起来，形成中国特色的社会主义政府模式。在此过程中，政治学参与政府职能和作用的讨论，围绕政府与市场 / 政府与社会关系等问题，探究政府职能转变的方式，讨论法治政府和服务型政府建设以及放管服改革等议题，提出有效政府与有限政府的理论，为中国政府改革提供论证。

第三，国家现代转型需要构建转型政治发展理论，这种政治发展理论能够以国家的历史和国情为基础，以解决国家发展存在的现实问题为导向，摒弃制度解构和制度移植的简单结论，广泛吸纳民主转型理论、政治稳定理论、政治参与理论、政治合法性理论、社会建设理论等理论的合理要素，提供合乎本国发展规划、解释和引导本国实践的概念和命题。中国政治学致力于构建政治理论体系的探索，建立了区别于以往阶级分析这种单向度线性理论框架的多元化多视角多维度的政治学理论模型；并且，以治理变革为核心，突破基于政体理论的自由民主改革定义的局限，将中国的改革定义为“治理改革”，从国家治理、政府治理、社会治理等不同角度论证了中国全面改革实践的合理性和合法性；同时，以中国实际和实践为基础，以中国问题为导向，以中国故事和经验为内容，形成了对中国国家治理的系统性解释，阐释了治党-

治政－治民的任务，并对政党治理（党的领导及其制度）、贫困治理、环境治理、腐败治理、社会治理等中国治理实践的经验进行理论总结。

第四，国家现代转型需要构建符合国际准则同时适合国情和发展阶段的外交理论与国际战略。中国政治学从战略高度分析中国改革开放和中国现代化的国际环境，聚焦大国关系和国际互动的历史及现状，分析国际贸易、意识形态、地缘政治、产业竞争等要素对外交和国际关系的影响，力求突破现实主义零和博弈逻辑，阐释了以合作共赢为核心的新型国际关系理论和政策路径，在国际学术界清晰表明中国立场，系统总结中国参与全球治理和地区合作的经验，围绕全球治理的政治逻辑，在国际组织决策、气候政治、贸易政治、发展政策等重点领域开展前沿性研究，构建了基于中国实践、具有中国特色的国际政治经济、国际组织和全球治理理论。

02

从生活逻辑到理论逻辑

杨雪冬　清华大学

杨雪冬

清华大学社会科学学院政治学系长聘教授、系主任。国务院政府特殊津贴获得者，入选全国文化名家暨“四个一批”人才、国家“万人计划”哲学社会科学首批领军人才。出版学术著作10多部，代表性作品有《风险社会与秩序重建》（2006年）、《国家治理的逻辑》（2017年）等。

每一个研究当代中国政治的中国学者都生活在当下，都被深深地卷入当代中国的政治实践之中，以不同的角色，在不同的岗位和领域亲身参与着当代中国政治的运行、变动乃至变革。这也正是当代中国学者相比于国外中国问题研究者或者其他理论工作者所具有的先天优势。当然这也可能是我们的天然劣势，因为苏东坡曾经说“不识庐山真面目，只缘身在此山中”。有的时候，面对现实问题、体制的规训，我们也会进行严格的自我审查，将许多问题转化为应当，把复杂的原因简单地归结为国情民意。

一、当代中国的发展是值得挖掘的学术富矿

我们都知道，当代中国研究已经成为国际社会的热点领域。曾经担任过澳大利亚总理的“中国通”陆克文曾经专门撰文谈到西方汉学要向中国研究，尤其是当代中国研究转向。据我所知，在过去 20 多年中，欧美主要的汉学研究重镇面对

着中国发展带来的知识挑战，都进行了组织重构，研究资源的重新配置。以哈佛大学为例，托尼·赛奇教授领导的 Ash 研究中心虽然位于肯尼迪政府学院框架里，但由于他本人密切关注和深入参与当代中国的发展，从新世纪开始设立了高级官员培养项目，无论是资金还是人员活动量都在快速增长，其影响力在某种程度上超越了大家熟知的费正清中国研究中心。之所以如此，除了因为中国快速发展带来的国际影响力的提升以及研究资金的大量投入外，更重要的是当代中国的发展带来的知识体系和理论框架的挑战。当代中国以及当代中国观照下的传统中国，都是值得探险的学术富矿。

当然，对于我们这一代研究者来说，当代中国政治研究除了有知识挑战的乐趣外，还有信仰的意义。我们生于斯长于斯，故国故土吾民，亲历着这个国家发生的深刻变化，享受着改革发展带来的巨大的物质成果，并且承受着与前辈人迥异的压力，前辈积累的经验不一定能回答我们内心的疑问。

这个国家为什么会发展，发展的方向是什么，当下的状况如何，无时无刻不出现在我们的生活和研究中。尤其当我们与国外学者交流的时候，他们用威权主义、集权主义、民主转型等带有明确价值指向的概念来描绘、分析我们自己生活的制度，我总有一种特殊的异样的感觉，一种被俯视的感觉。因此，我们对当代中国的研究，也是在回答我们内心的疑问，应对外部的质疑，寻找未来的方向。

对于中国学者来说，对当代中国政治的研究是通过田野调查、理论生产和实践参与三种基本方式实现的。我们通过这三种方式体验到政治运行中的生活逻辑、理论逻辑和实践逻辑，并从不同层次方向趋近中国这个复杂变化且超大规模的政治体，得出不同的图景。这些图景重叠交织在一起，使得研究的发现不断趋近现实，理论的命题更能揭示规律。

二、田野调查：习得常识，超越常识

田野调查是一个获得常识、激发思维活力的过程。尽管它来自人类学、社会学，但已经被包括政治学在内的社会科学诸学科所认可并采用。曾有一位学者说，汉语“田野”的概念精妙。“野”对峙于“文”“文献”；“田”以其象形，道出边界性、局限性，拒绝泛滥无边、大而无当。然而，政治学研究采取的田野调查受到研究对象的层次性、规模差异以及体制性限制，所以田野调查作为方法主要用于低层次的政治现象，比如村、乡镇、县，至于更高层级的政治，应用起来就有很大的困难。但是“田野精神”是非常重要的，那就是好奇、探险、想象力以及对研究对象主体性的尊重。

田野调查至少有三种功能。第一，通过田野调查我们能接触到政治中鲜活的人。政治中的人不能简单地用“经济人”假设来框定，政治人的动机和激励因素更为复杂。在政治过程中，人的政治角色也是多样的，有决策者、政策执行者以及政策对象。而由于层次的变化，低层级的决策者也是政策执行者，高层级政策的执行者对于下级而言，却是决策者。这种多重角色的转化，往往使本来清晰的行为逻辑更为复杂。在中国的政治发展中，政治行为者有着不同的态度和行为倾向，这需要其在田野调查中根据对象情况来选择不同的调查策略。此外，中国地域广阔，不同地方有不同的历史文化习俗，也有当地的话语表达方式，这就需要调查者有“入乡随俗”的态度和能力，尤其是要尽快听懂带口音的地方普通话，否则，就很难深入调查对象的生活和话语情景之中。

第二，田野调查丰富了我们关于政治的常识。常识是我们生活的基本遵循，常识中蕴含着人生智慧。尤其对于中国这样有着悠久政治传统，近代以来政治变动频繁的国家来说，政治常识不仅丰富，而且富有启发意义。这些常识有不同的载体，有的是俗语顺口溜，也有的是形象的比喻。中国概念、中国判断不是学者头脑中生出来的，不是用文字拼造出来的，应该来自生活和实践。从某种意义上说，这些政治常识是生活提供给我们的半成品的概念，如果再做学术精加工，很有可能变成解读中国现象非常好的概念，并具有很强的解释力和描述力。

第三，田野调查能激发我们的问题意识。**理论是灰色的，生命之树常青**。田野调查能让我们走出书斋和象牙塔，感受到生动的生活，以现实的问题激发我们的思考。就我而言，曾经有连续 10 年的时间，每年都会有近两个月的田野调查。尽管自己出生在农村，成长在县城，但是不同区域的调查，大大开阔了眼界，解放了思维。比如“压力型体制”这个概念，就是 20 世纪 90 年代末期，我们在河南等地调研后形成的，现在已经得到了国内同行的肯定。变化的中国充满问题，中国的大尺度，内部多样性，政治权力与社会力量、市场力量的互动关系，文本制度与实际制度运行的差异，后发现代化国家的赶超逻辑，执政党与国家的关系，政府层级关系，社会阶层关系，城市化的政治等等，都是值得跟踪和研究、富有潜力的问题。

在我看来，研究当代中国政治有三种田野路径。第一种是家乡化研究，就是将自己的家乡作为研究的对象。我自己的博士论文采取的就是这种方法。这种方法虽然进入门槛低，获得资料容易，也会因为掺入个人的情感而限制客观的判断。第二种是参与式观察，比如利用蹲点、挂职等方式深入某个地方，参与到某个政策活动之中，既有“内部人”的参与便利，也能作为第三者去观察分析。但是参与式观察会遇到学术伦理问题。第三种是跟踪式观察。可以选择一个或者几个地方采取定期回访的方式，进行长期跟踪观察。我曾经与德国学者就新农村建设政策的执行采取过这种方式。但这种方式所需时间和资金较多。这三种路径并不是相互排斥的，而是可以相互组合和补充使用的。田野调查也需要资料收集，地方志、组织史资料、地方党政公开的文件等都应该是我们收集分析的重要资料。在收集和使用过程中也要有保密意识。

三、理论生产：运用理论，超越理论

接下来我想谈谈理论生产。研究是一个理论定位和理论对话的过程。尽管我们作为研究者也许在许多问题上的认识并不那么深刻，但是我们能对这些问题给予理性的思考分析，在面对与自身有着利益和情感冲突的问题时保持冷静的思考，避免极端的行为，也能对这些问题的原因进行一般性归纳，乃至得出规律性发现。这是研究者的天职，也是我们赖以谋生的基础。尽管当代中国变化快速，许多发现都受时空限制，带有很强的暂时性，但这不能成为我们放弃理论思考的理由。

理论的重要性毋庸多言。社会学家赖特·米尔斯曾经说过，“没有资料的理论是空洞的，没有理论的资料是盲目的”。这句话也道出了田野调查与理论研究之间的内在关系。我认为理论起码有三个重要的功能。

首先，理论提供了研究的起点。就社会科学各领域而言，都不是在一片空白之上开始的，哪怕是所谓的开创者、拓荒者都受到过某种理论的启发或刺激，任何一个研究者都应该清楚自己所依据的理论资源。我们的研究或者是对既有理论观点的进一步发展，或者是对其的质疑、否定乃至替代，或者是对其的补充和对话。对于刚刚开始研究工作的年轻人来说，一定要多读书、多涉猎，将理论建构的雄心建立在扎实的文献梳理上，不要一发现自己以前没有看到的现象就归纳出所谓的“模式”，也不要将理论创新等同于概念的“生造”。

其次，理论提供了研究的工具。这里的工具不是现在流行的量化/质化意义上的，而是强调理论是研究者认识和分析问题的基本依据。用亨廷顿很形象的比喻就是理论是我们旅行所需的“地图”。面对同样的问题，研究者之所以比普通人认识得更深刻些，就是因为使用了前人已经建立的，并且被实践印证的理论判断。不同的研究者面对同样的问题之所以有不同的解释和判断，也是因为使用的理论依据不同。当然，任何一种理论都有解释的边界，如果一味地强调其绝对性，那么必然导致研究过程中的“教条主义”，甚至“价值先行”或者“意识形态化”。

最后，理论提升了研究的层次。这样讲似乎有功利主义的色彩，但是哪个研究者不希望能提出新的理论发现，建构出更有解释力的理论框架呢？彼得·埃文斯曾经在《世界政治》杂志组织的一次关于比较政治研究的笔谈中说，理论的价值是界定“大的思想”，帮助研究者确认所选择的问题是否具有研究的价值。因此，研究者应该关注理论热点、理论变化，并且应该积极地参与到理论讨论、理论建构过程之中。

必须承认，当前社会科学各学科的理论主要来自西方，即便是基于非西方社会发展的历史和经验产生的理论也主要是由西方学者提出来的。这是客观事实，并不可怕，可怕的是我们面对这些丰富多样、鱼龙混杂的理论失去了判断力、辨析力和理论自觉，只是它们的追随者、消费者和论证者。

这些理论除了追求概括化、抽象化而普遍具有的“简单化”倾向外，还带有价值优越的“西方中心论”、非此即彼的“二元论”色彩。将西方社会视为常态，把非西方社会视为非常态，进而认为后者的未来就是西方社会的现在。这样的假设或判断总是时隐时现，对于中国政治研究尤其如此。由此导致这些理论与非西方社会实践的脱节，并产生诸多的研究盲区。苏东国家的“突然”变革，中国没有马上“崩溃”，以及“茉莉花革命”的蔓延，都对现有的理论范式产生了深刻的冲击，显示出其傲慢、教条和脱离实际。近年来对于西方理论和制度多有反思的福山就曾经谈道，比较政治学还没有发展出一个完备的概念框架来对不同的威权政府进行分析，这与丰富的民主政体的研究概念形成了鲜明对比。黄宗智先生曾经总结自己的研究经历，认为在运用理论方面遇到过四个主要陷阱：不加批判地运用、意识形态的运用、“西方中心主义”和文化主义。

对于中国政治研究来说，认清西方理论存在的缺陷以及西方学者研究的局限性，并不意味着要创造出一套截然不同的理论体系和理论话语，在本土化研究中将中国独特国情“绝对化”。正如习近平总书记在中国人民大学考察时强调的那样，加快构建中国特色哲学社会科学，归根结底是建构中国自主的知识体系。要以中国为观照、以时代为观照。要实现这两个“观照”，就要保持理论的交流和对话能力，提升理论的说服力。只有在开放和交流的过程中，中国政治学研究才能保持理论活力，实现理论创造乃至创新。

另外，我也注意到中国政治研究越来越重视历史，一些学者力图将历史制度主义的方法运用到研究中。孔德曾经说：“除非通过它的历史，否则任何概念都无法理解。”当代中国的许多政治现象都是历史产物，并且能在历史中找到类似之处。这也许是由于中国有着悠久的没有中断过的历史吧。当代中国政治研究应该学习历史学的史料收集方法和运用方法，并且利用自己的理论优势，更深刻地挖掘史料背后的逻辑，进而弥补本学科重判断轻资料的不足。但是不能用理论去选择和裁剪史料，那样会进一步强化政治研究中的“意识形态化”或教条主义。福山在写作《政治秩序的起源》一书时提醒自己说：“将理论放在历史之后，我认为是正确的分析方法。应从事实推论出理论，而不是相反。当然，没有预先的理论构思，完全坦白面对事实，这也是没有的事。有人认为这样做是客观实证，那是在自欺欺人。社会科学往往以高雅理论出发，再搜寻可确认该理论的实例，我希望这不是我的态度。”

四、实践参与：体认政治，超越政治

最后，我想谈谈实践参与对于当代中国政治研究的意义。由于身处体制之中，我们比国外学者更能深刻地感受到这个体制的优点长处、弊端不足，更能理解政治实际运行中那些“不言自明”的隐性逻辑。当然，更重要的是，我们许多人还通过多种方式参与这个制度的实际运作。在某种意义上，我们应该发挥自己的良知、能力和智慧，尽可能地使这个制度运行得更平稳，更有绩效，更能为大多数人带来福祉。这是中国学者应有的责任。

社会角色决定了实践参与的形式。作为普通人，日常生活就是实践。我个人的感受是，从有了孩子之后，我对于这个体制的认识更为深刻全面了。从孩子出生前办理的一系列证明，到选择医院，再到出生后的登记户口、培养教育，我真切看到了与普通人生活密切相关的政治是怎样运行的。对于普通人来说，政治并不是动人的口号、高大的形象、崛起的国力，而是如何更轻松地生活，如何保留对未来生活的期许。结合自己的生活经验，我曾经在一篇评论中这样写道："对于普通人来说，最大的尊严来自制度的尊重，最可靠的幸福是有制度保障的幸福。如果不断完善的制度给每个普通人带来的是找不到北的'迷宫'，却把'便门'出口的钥匙给了个别人，这样的制度化建设注定是失败的。"

作为研究者，参与政策过程也是一种实践。可以利用自己的专业知识撰写研究报告，参与政策设计或评估。有的学者还会参与到政策文件起草这类政治决策活动之中。这种实践的基础是研究者的专业性训练。这些年国家大力推动智库建设，为研究者参与政策过程提供了更多的机会和条件。专业化是研究者的基本素质要求，也是获得尊重的前提。更为重要的是，如果没有扎实的基础研究，对策研究就会成为无源之水、无本之木。

我们中的一些人，也会成为某个组织、某个部门的管理者，成为制度的运用者。这种实践是极有考验性的。尽管如此，作为一个研究中国政治的学者，如果担负了某种管理责任，还是应该尽己所能地运用所学来改善这个体制的运行。

五、为当代中国政治研究的深入而奋斗

总之，当代中国政治研究是值得我们去投入和奉献的，

田野、理论和实践对于我们认识这个复杂的系统都不可或缺，生活的逻辑、理论的逻辑和实践的逻辑虽然有所差异，甚至相互冲突，但根本指向应该是一致的，那就是政治是改善我们生活、提升我们精神道德的活动。这也许就是“人是天生的政治动物”这个判断所蕴含的价值目标吧。当代中国人应该通过自己的努力，获得自己合意的政治生活、政治制度、政治实践。

过去多年来的国际社会科学理论方法的系统引入、国内学者长期的田野调查和丰富的案例积累、社会科学资助资金的大规模投入以及中国学者的理论自信心、自觉性的提升都为中国问题研究的深入提供了有利的条件。我们现在有条件和理由跳出社会科学的“西方中心”与“本土化”，理论概念的“普适性”与“中国特色”的二元思维，从中国的转型实践中总结概念、抽象出理论，然后对现有的理论模型、方法论工具进行验证反思，从而使中国的经验成为世界知识体系的重要组成部分，使基于中国经验的理论总结得到世界知识体系的验证。

对于中国学者来说，要有清晰的中国问题意识，这首先意味着对中国社会发展前途的关怀。只有在这种关怀的引导下，才能把研究路径、方法和工具有效地统一起来，形成具有解释力的理论范式。而中国研究理论范式的构建，应该以三个目标为指引。首先，理论的总结必须能够准确地反映社会现实，起码要符合人们判断的“常识”。其次，理论的总结应该超越“常识”，能使人们了解到社会现象背后潜藏的关系、问题乃至规律。最后，理论的总结应该超越知识，能给人们提供改造现实可操作的路径与方法。所以，就中国现实社会政治问题研究来说，重新思考马克思关于哲学使命的判断依然富有深刻的意义。他说：“**哲学家们只是用不同的方式解释世界，而问题在于改变世界。**”

03

政治研究的三个传统

何俊志　中山大学

何俊志

中山大学政治与公共事务管理学院教授、中山大学中国公共管理研究中心研究员、中山大学粤港澳发展研究院院长，主要研究方向为比较议会与选举制度，出版专著包括《制度等待利益》《选举政治学》等。

作为现代社会科学的一个分支学科，政治学从名称上就异于其他社会科学。因为在所有的社会科学中，只有政治科学（political science）才由两个单词构成。但是在历史上，这门学科则只需要一个单词（politics）来表述。从学科名称的变化中，似乎就可以看出，这门学科在从传统向现代转型的过程中，特别强调它的科学性，也就是要用科学的理论与方法来研究政治现象。

需要注意的是，自 2 000 多年前政治学诞生以来至 100 多年前现代政治科学产生绝大多数时间范围内，政治学（politics）并不是一个社会科学的分支，政治研究也并不追求现代意义上的科学性。在长达 2 000 多年的时间里，政治学追求的主要目标是**构建人类理想社会生活的“至善”状态**，而不是描述和解释现实的政治现象。

显然，就在过去的 100 多年内，政治研究的传统出现了一次非常重大的转向。这一重大的转向无疑带来了政治研究科学性程度的提升，也在更大程度上扩展了政治研究的范围。但是，在从政治学向政治科学转向的过程中，也引发了非常激烈的内部争论，从而导致现代政治科学一直处于一种紧张的内在矛盾之中。回顾20世纪以来政治学走向科学化的历程，至少已经经历了三场大的争论，至今余音未了。现代政治学的知识和理论积累过程，也正是在这一矛盾引出的争论中才逐渐清晰地呈现出来。

第一场争论：实证主义与政治科学

在由传统政治研究向现代政治研究转向的过程中，将政治学（politics）变为政治科学（political science）的主要目的，就是要将政治研究改造为一门真正的现代科学。严格来说就是要按照自然科学的原则来研究政治现象。这一转向也顺应了现代社会科学的实证主义转向潮流，只不过在政治科学内部被称为行为主义的转向。

有学者认为，行为主义是这样一种观念：社会理论应该建立在可观察行为的基础之上。与之对应的是行为主义，该学派坚持人类行为最终都可以从条件反应或反射的角度来解释。行为主义政治分析方法由实证主义发展而来，并采纳了它的主张，认为只有以可证实或可证伪的解释性理论为基础，才能获得科学知识。行为分析包括：通过实证调查来收集量化数据，统计、分析与建构具有预测能力的理论。[①] 这一被广泛接受的观点其实比较偏颇。首先是行为主义的概念使用偏颇，因为行为主义所强调的重点是可检验和可观察的行为，但并不必然需要通过量化数据来建立和检验理论。其次是实证主义也并不仅仅是指运用以心理学方法为代表的归纳法，以公理方法为基础的数据演绎法构建理论也是政治科学实证主义的重要分支。例如理性选择理论就是以理性人作为公设而演绎的政治理论模型。只不过，无论是演绎思维还是归纳思维，都是现代政治研究追求科学化的努力方向。

① [英] 安德鲁·海伍德：《政治学核心概念》，天津：天津人民出版社，2008 年，第 105 页。

正当以行为主义为代表的政治科学崭露头角之际，沃格林在 1952 年出版的《政治的新科学》（*New Science of Politics*，中文版译为《新政治科学》）一书中对此时的政治科学就予以当头棒喝。在沃格林看来，以实证主义为基础的政治科学，已经用自然科学原理转换了传统政治学的基本原理，让政治学的原理意识丧失殆尽。同时，在只有采用实证主义的方法才被接纳为“科学”的原则之下，也歪曲了科学的含义，将政治研究变成了一种对不相干的事实进行堆积的活动，将主要精力集中于对那些比较容易辨识的琐碎知识进行加工，从而导致现代政治学丧失对基本价值的关注。[①] 为了让现代政治科学走出困境，对政治科学的重建必须要始于人的前科学的存在，始于人对一切存在领域的原初把握，从时代的具体历史处境出发，全面考虑我们丰富的经验知识并将其理论化，以重新获得政治的基本原理。[②]

① [美] 埃里克·沃格林：《新政治科学》，北京：商务印书馆，2018年，第 13-16 页。

② 同上书，第 9 页。

沃格林的著作一出版就引起了一些同行的共鸣。奥弗里希特呼吁，学术界要高度重视沃格林希望重估政治研究前提的这一重要贡献，而且认为沃格林的这一努力是成功的。[①]布雷赫特也认为，沃格林的这一努力无疑是非常有价值的，因为他在实证主义政治科学大行其道之际，提醒政治研究者们要注意到传统政治学延续了近 2 000 年的另一种替代性模式。但是由于他对实证主义的理解过于狭隘，而且对马克斯·韦伯的著作也存在误解，混淆了哲学上的相对主义与科学上的相对主义，因此他对诺斯替主义的批判也并不构成对现代政治科学的冲击。[②]

怀泽在详细考察沃格林的研究思路后指出，沃格林重建政治科学的方法论基础是，他区分了两种科学研究的类型：

① Hans Aufricht, "A Restatement of Political Theory: A Note on Eric Voegelin's 'The New Science of Politics'", *The Western Political Quarterly*, 1953, Vol. 6, No. 3, pp. 458-468.

② Arnold Brecht, "A New Science of Politics", *Social Research*, 1953, Vol. 20, No. 2, pp. 230-235.

现象研究和本质研究。在进行了这种区分之后，沃格林才指出，政治科学不应当将基本原理建立在研究现象的自然科学基础之上，而应该建立在本质研究的基础之上。而本质研究的途径就是要结合研究者的存在和经历而形成理论。[①] 在不否定沃格林所倡导的本质研究的前提下，如果详细考察被沃格林称为现象研究的自然科学研究中的新近进展就会发现，库恩和拉卡托斯的研究已经揭示出，现代自然科学所形成的知识也只是在特定时间范围内的科学共同体之内的“范式”主导下的知识。现代自然科学的研究同样需要建基于传统、权威和个人经历。因此，现代自然科学的研究完全能够包容沃格林的主张，从而也就没有必要区分对现象的研究和对本质的研究。沃格林所倡导的新的政治科学的研究途径，极其类似于现代自然科学的研究途径。[②] 麦克唐纳也认为，沃格林的

① James L. Wiser, “Eric Voegelin: A Study in the Renewal of Political Science”, *Polity* , 1985, Vol. 18, No. 2, pp. 295-312.

② James L. Wiser, “Eric Voegelin: A Study in the Renewal of Political Science”, *Polity* , 1985, Vol. 18, No. 2, pp. 295-312.

努力和贡献非常值得肯定，但是他在寻求确定而未必重要和重要但未必确定的知识之间，似乎走向了极端，而以人为对象的现代政治科学需要的是，在这两端之间取得平衡。①

在今天看来，沃格林与当代政治科学的冲突是根本性的，因为沃格林对政治研究中的原理和本体论的追求，都表明他想将当代政治科学恢复到启蒙运动之前的传统，即一种在尘世中思考政治问题的传统。虽然沃格林未能只手扭转乾坤，但是他对实证主义的某些批评，后来证明是有先见之明的。例如他关于实证研究不能完全排除价值判断的观点，随后已经被越来越多的学者所接受。实证主义过度发展会导致人类心灵秩序的崩溃的危险同样值得关注。但是，显然的事实是，沃格林并没有能够阻挡政治科学在实证方向上的迈进。

① Lee Cameron McDonald, "Voegelin and the Positivists: A New Science of Politics?", *Midwest Journal of Political Science* , 1957, Vol. 1, No. 3/4, pp. 233-251.

第二场争论：新政治科学挑战政治科学

在行为主义步入鼎盛时代的20世纪60年代，对行为主义的批判和重建的努力也达到了新的高峰。这些对行为主义不满的学者还试图通过在美国政治科学协会内部建立一个“新政治科学核心小组”来重建政治科学。

1967年，在美国政治科学协会在芝加哥召开年会之际，由纽约大学政治科学系的鲁洛夫斯和阿尔伯塔大学政治科学系的贝共同发起组建了一个新政治科学核心小组（Caucus for a New Political Science）。该小组发起的缘由是，一些协会的成员在年会期间提出动议，要求协会对越南战争等政府的重大公共政策表明立场。而协会的执行委员会援引协会章程第二条，以保持学术研究的独立为由拒绝了这一动议。出于对协会执行委员会这一决议的不满，新成立的核心小组随即形成了一个有225名成员和13名执委的组织体系。这个核心小组并没有退出美国政治科学协会，而是留在协会内部以发出不同的声音。[①]

整体而言，新政治科学核心小组的成员之间并没有共同的价值和方法论基础。将这批人凝聚在一起的主要动力可以概括为两个方面：反对行为主义和反对价值中立。[②]新政治科学核心小组为凝聚成员而形成的共同主旨是：**让政治研究服务于为更好的世界而奋斗的事业**。为此，必须将社会公正、民主社会的可持续性和人类的基本权利置于中心地位，同时坚持一种方法论多元主义的开放状态。相对于以行为主义为代表的政治科学而言，新政治科学的“新”主要体现为，强调政治科学作为一门学科，要告诉我们政治共同体中有关权

① Commentary, “History of the Caucus for a New Political Science”, *New Political Science*, 2007,Vol.29, No.4, pp.501-507.

② Clyde W. Barrow, “The Intellectual Origins of New Political Science”, *New Political Science*, 2008, Vol.30, No.2, pp.215-244.

力、结构、背景和成员的知识。[①] 具体而言，这个小组想实现的三大目标是：（1）挑战美国政治科学协会的现存领导模式；（2）建立一套持有类似观念的政治科学家们的网络和支持系统；（3）将政治研究与一些“激进”的政治目标建立联系。[②]

为了回应核心小组的挑战，美国政治科学协会于 1967 年创办了一份新的刊物《政治科学与政治》，这个刊物主要关注当代政治、学科发展和教学问题。1969 年美国政治科学协会召开年会时，核心小组还获得了独自组建分论坛的机会。经过 10 多年的努力，核心小组还在 1979 年创办了一份自己的刊物《新政治科学》。除了学术上的努力外，核心小组还在美国政治科学协会的主席和执委人选及章程方面主动作为，数

① Jocelyn M. Boryczka & Jennifer Leigh Disney, “What is ‘New’ About New Political Science?”, *New Political Science*, 2017, Vol.39, No. 4, pp.431-436.

② B. Nelson Ong, “Radicals Reflect: The First Twenty Years of The Caucus for a New Political Science”, 1988, Vol.1, No.3, pp.55-59.

度成功提名主席和执委人选，并且在年会召开方式等议题领域也非常活跃。核心小组同时还介入了不少现实政治事务，试图在国会政治、司法政治等领域发挥影响力。[1]

相对于沃格林的重建努力，新政治科学核心小组对政治科学的重建显然势头更大。因为围绕着新政治科学的努力，该小组既在美国政治科学协会内部形成了独立的论坛空间，还新增了两份刊物，同时还在协会的人事和现实政治中都构造了阵地。伊斯顿所指的“后行为主义”兴起的直接背景就是这一追求超越价值中立、关心现实政治和对重大公共政策进行研究的新政治科学运动的出现。但是这一小组在初期发展得并不顺利。沃尔多认为，新政治科学核心小组是一个奇特的组合，因为这个小组的成员在学术上偏向传统主义，强调价值观念的重要性，主张宽泛的解释科学；但他们同时又将自己的活动视为一项政治事业。后面的这一取向又为传统

① Commentary, “History of the Caucus for a New Political Science”, *New Political Science*, 2007,Vol.29, No.4, pp.501-507.

主义者所厌恶而对行为主义者更有吸引力。[①]

在同时面对内部分裂和外部挑战的情况下，新政治科学运动并没有走向停滞。核心小组所创立的刊物、建立的论坛和组建的各种关注组，也持续至今。而且，在1967年之后，核心小组所代表的新政治科学运动还不时对传统体制发出挑战。在这一过程中，他们创办的学术刊物有时也会成为政治斗争的论坛。在《新政治科学》杂志2011年第1期中，就公开发表了一篇谴责贝克并号召集体行动的檄文。[②]

---

① [美]格林斯坦、波尔斯比编：《政治学手册精选》(上卷)，北京：商务印书馆，1996年，第131页。

② Coordinating Council of the Caucus for a New Political Science, "New Political Science Condemns Glenn Beck and Urges Collective Action", *New Political Science*, 2011, Vol. 33, No. 1, pp.5-6.

第三场争论：多元主义挑战霸权主义

显然，新政治科学核心小组也并没有能够扭转乾坤。即使在这一小组已经在学术刊物、年度会议和政治事业方面都做出全方位持续努力的背景下，行为主义与理性选择理论仍然保持着强劲的发展势头。

2000 年 10 月 15 日，正当美国政治科学协会年会召开之际，一些参会的顶级政治科学家收到了一封署名为“重建先生”（Mr. Perestroika）的电子邮件。这封标题为《论美国政治科学协会与〈美国政治科学评论〉的全球化：一项政治科学的宣言》的邮件，对当时美国政治学的状况提出了尖锐的批评。邮件批评的核心要点是，美国的主流政治学会和核心刊物长期由一个“东部沿海的婆罗门”所构成的“小圈子”（coterie）所主导，这个小圈子追求的量化研究和理性选择理论的“方法论霸权”（methodological hegemony），导致政治科学研究已经进入了一种无视现实政治重大问题的“奥威尔式”（Orwell System）极权状态。在统计和博弈模型主导下，实际上是在一些白人男性成员的控制下，大量使用其他方法的研究成果无法进入主流期刊，一些从事重大历史和现实问题研究的学者都不与这个圈子往来。[①]这封在随后有数百人签名的邮件被广泛转发，并再度引发了一场围绕着政治科学走向的大讨论。

与前两场反叛略有不同的是，这封邮件不但在美国政治科学协会内部广泛流转，而且获得了一些重要人物的支持，从而引发协会主动推出了一些变革：协会在 2001 年就专门举行了一场以这封邮件为中心的研讨会；协会于 2003 年主动创办了一份以质性研究为主的新期刊《透视政治》；协会在 2004 年选出了一位女性主席，同时还专门成立了一个委员会

① Perestroika, “On Globalization of the APSA and APSR: A Political Science Manifesto”, *Perestroika! The Raucous Rebellion in Political Science*, edited by Kristen Renwick Monroe, New Haven: Yale University Press, 2005, pp.9-11.

来检讨协会自身的治理问题。5 年之后，克里斯滕将这场讨论有关的论文集结成册，以《重建：政治科学内部的刺耳反叛》为名正式出版。这本书收集的参与讨论的相关论文多达 39 篇，分别从历史背景、方法论关注、美国政治科学协会的治理、期刊、研究生教育和评价体系这六个方面来回顾和总结这场运动自出现以来的基本情况。参与讨论的多数学者都提出，要摆脱此前的单一和封闭状况，政治科学研究需要进入一种“百花齐放、百家争鸣”的境地，要回到对核心政治问题的关注。

三场争论折射的三大传统

为什么会在当代政治科学的发展历程中出现这三场大的争论？学术史的研究可以从多个角度提供解释。为了探寻各种解释的路径，或许可以从政治概念的独特性开始展开。与其他社会科学不同的是，政治科学的一个独特性在于，作为理论创造基础工具的概念分为两种类型：规范性概念和描述性概念。规范性概念所指的是道德原则和道德理想，即那些应该（should）、本当（ought）或必须（must）产生的东西。在政治学中持续探讨的自由、权利、正义、平等和宽容等概念就属于这种类型。描述性概念或实证性概念（descriptive or positive concept）是指那些被认为是客观且能显示其存在的“事实”，即“是”什么，例如命令或法律等。[①]基于政治概念的规范性与事实性的区分，在一定程度上可以解释这三场争论的原因。尽管这三场争论的具体观察有所差异，但归纳起来就可以看到，三场争论的发起者，都致力于批判当代政治科学太过于强调“科学”而忽视了“政治”，主流的政治科学理论主要围绕着政治科学的描述性概念展开而忘记了作为政治根基的规范性概念。

如果基于这一判断，我们似乎可以认为，正是因为现代

① [英]安德鲁·海伍德：《政治学核心概念》，天津：天津人民出版社，2008年，第5页。

的政治研究者在拥抱了“科学”之后，才会出现这一内在的紧张。而现代政治之所以要拥抱科学，似乎又是它的必然命运。托克维尔在《论美国的民主》一书的序言中直陈，在一个平等和民主已经成为“天命”的时代，领导社会的人肩负的首要任务之一，就是逐步以治世的科学取代民情的经验。一个全新的时代，需要一门新的政治科学。[①] 这门新的政治科学之所以成为必要，是因为人类已经进入了一个传统的政治和法律规则已经不能完全应对的新时代。[②] 托克维尔在这里已经预见到，随着一个新的时代的来临，传统的政治学理论知识已经不能完全满足新的需求。沃尔多则认为，无论传统还是现代的政治学，将政治研究的成果转为教学知识的主要目的有两个：一是培养私人和公民的道德品质，二是为参与公

---

① [法] 托克维尔：《论美国的民主》(上)，北京：商务印书馆，1995年，第 9 页。

② Alixes de Tocqueville, *Democracy in American(Volume I)*, edited by Eduardo Nolla, Indianapolis: Liberty Fund, Inc., 2010, p.16.

共生活提供基本的训练。[①] 这两项任务从根本上说都是为了维持现有的政治系统，或者说，政治学是作为特定政体的组成部分而存在的。如果回顾 20 世纪中期以来的几次重建运动就可以发现，每次批判与重建活动都出现在美国的政治系统出现重大危机的时段。

为了满足上述要求，现代政治科学一方面要坚守探讨人类社会美好生活这一基本传统，另一方面又必须要研究现代国家这一新生政治体。而随着现代国家对现代社会深度干预的全方位展开，政治研究的范围也必将会随之而扩展。在行为主义初兴之际，一些学者还提醒同行们要注意，虽然政治科学需要研究人类行为的各个方面，但是应该主要侧重于与制度和政治有关的行为。[②]

① [美] 格林斯坦、波尔斯比编：《政治学手册精选》（上卷），北京：商务印书馆，1996 年，第 30-31 页。

② A. W. Sdtoham, “New Science of Politics”, *Caribbean Quarterly* , 1962, Vol. 8, No. 1, pp. 28-37.

不过需要引起重视的是，现代政治科学的这一转向虽然在一定程度上契合了现代政治的需求，却在相当程度上存在背离古典政治传统的风险。在古典时代，政治学兴起之际，由亚里士多德所建立起来的学科体系中，政治学研究所追求的是“**众善之善**”。作为一门追求至善的科学，**政治学高居于各学科之巅**。“世上一切学问（知识）和技术，其终极（目的）各有一善；政治学术本来是一切学术中最重要的学术，其终极（目的）正是为大家所重视的善德，也就是人间的至善。”[1]关于政治学与其他学科的关系，亚里士多德认为，政治学规定了在城邦中应该研究哪门科学，哪部分公民应当学习哪部分知识，以及学到何种程度。那些最受尊敬的能力，如战术、理财术和修辞术等，都隶属于政治学。既然政治学使其他科学为自己服务，既然政治学制定着人们该做什么和不该做什

① [古希腊]亚里士多德：《政治学》，北京：商务印书馆，1983年，第148页。

么的法律，它的目的就包含着其他学科的目的。[①]

进入现代世界以来，随着自然科学的突飞猛进和政治学的追随冲动，作为第一科学的政治学逐渐堕落为模仿自然科学的“第二科学”。随着理性选择理论在政治学领域的扩张，理性选择理论所代表的政治科学已经沦为经济学之后的“第三科学”。这一重大转变的出现，一方面来自人类知识积累方式的转变导致自然科学在现代知识体系中的地位提升，另一方面也来自市场经济的扩张导致现代国家沦为经济社会事务管理机器的现实需求。

实际上，在前面所概括的三场争论中，居于主流地位的都是以科学为志向的现代政治科学，而三场争论的反对力量则可以概括为两个方面：第一场和第二场争论的反对者主要来自对规范理论的拯救取向，第三场争论还要加上人文科学

① [古希腊] 亚里士多德：《尼各马可伦理学》，北京：商务印书馆，2011年，第 4 页。

取向的阐释主义传统对科学主义的解释主义传统的抗争。之所以会从传统的规范理论为主走向现代科学主义与人文主义之间充满内在张力，与政治学研究在科学主义之前的一次转向密切相关。在哈贝马斯看来，在万不得已的情况下，政治学曾经把自己从理性自然法（Naturrecht）中解脱出来。但现代自然法的出发点依然还是欧洲古代的观念，它们认为社会表现为一个靠政治建构起来，并用法律规范加以整合的共同体。不过，现代资产阶级成文法概念，为社会结构的设计程序和从常规视角把法律－政治制度建设成为一种合理的机制提供了可能。具有经验倾向的政治学必须彻底摆脱这些资产阶级成文法概念。政治学把政治看作是社会的一个分支系统，因而无须承担从整体上把握社会的使命。从科学的角度把道德－实践的合法性问题置之度外，或者认为它们只是一些合法性信仰的经验问题，用描述就可以解决掉；政治学这样做和自然法的规范主义背道而驰，从而也就和合理性问题失之交臂。[1]

哈贝马斯在这里向我们展示的图景，实际上是两种关于社会与政治关系的建构模式。在传统的政治理论上，并没有现代意义上的社会概念。在这种传统中，人类所生活的共同体，就是由政治所建构出来的共同体，政治共同体就是人类生活至善状态。但是在现代政治理论中，政治只不过是社会系统的功能子系统之一。人类在自然的基础上产生社会，在社会的基础上产生政治。

由此，我们可以把在当代世界上共存的政治研究的方法，概括为三个基本的研究传统。现代政治科学的基础传统，就是以自然思维研究现代政治，政治世界是自然世界的组成部分，政治人也只是一种自然的存在，政治研究必须坚持科学的方法（科学的解释传统）；第二个传统，就是把政治人首先

① ［德］尤尔根·哈贝马斯：《交往行为理论：第一卷：行为合理性与社会合理化》，上海：上海人民出版社，2018 年，第 19-20 页。

视为社会人，政治研究的前提是把人作为社会动物，政治是人与人之间的沟通与意义的互构过程（人文阐释传统）；第三个传统则试图在当代世界坚持政治研究最古老的传统，将人视为至善共同体的组成部分，将政治研究视为对实践智慧和至善理想的追求而重构理想的政治共同体的过程（规范的古典传统）。

因此，在21世纪的今天，政治科学已经既不是纯粹的2 000多年前的政治学，也不是19世纪后期的政治科学，而是一门同时提供解释、阐释和规范传统的三重知识的广义科学。这三个传统的区别在于，对人的存在的不同的公设。政治研究的专家们，在哪个传统领域取得突破都不容易，但那些顶级的政治理论家则有可能同时推动这三个领域的知识积累和理论升华。

04

政治学为什么重要？

霍伟岸　对外经济贸易大学

霍伟岸

对外经济贸易大学国际关系学院教授、博士生导师、副院长。博士毕业于北京大学，师从著名西方政治思想史学者李强教授。曾在伦敦政治经济学院（LSE）政府系从事访问研究，导师为著名西方政治思想史专家保罗·凯利（Paul Kelly）教授。长期从事西方政治思想史的研究与教学工作。获对外经济贸易大学优秀教师称号，入选“北京市高等学校青年英才计划”，入选对外经济贸易大学杰出青年学者。

从一则政治寓言说起

在热播美剧《权力的游戏》中有一个精彩的桥段，大意为：一个国王、一个富商、一个主教和一个武士被困在山洞中暂时无法脱身。国王、富商和主教都想让武士杀死另外两个人，于是分别向武士许下动听的诺言。国王说，如果你杀死富商和主教，我就封你为公爵；富商说，如果你杀死国王和主教，我就让你富可敌国；主教说，如果你杀死国王和富商，我就让你死后可以上天堂。武士面对这三个充满诱惑的许诺，到底该听谁的呢？

事实上，我们可以把这个故事看作一则政治寓言，三个许诺分别代表了社会领域的三种支配性力量，其一是政治权力，其二是经济权力，其三是宗教权力。但是不要忘了，在这个故事中，武士的地位也异常关键，他同样代表了一种与前三者并列的支配性力量，即暴力或军事权力。当代美国政治理论家迈克尔·曼提出过一个包含了四个维度的社会权力理论，分别是政治权力、经济权力、军事权力和意识形态权力，恰好与上面故事里的国王、富商、武士和主教完美对应。可见，这个故事虽然短小，但却蕴含了深刻的政治学道理。

暴力是政治的核心特征之一，是政治区别于其他领域（如经济、文化、宗教）的本质属性。20 世纪德国著名公法学家和政治理论家卡尔·施米特指出，政治的最高形式就是杀人。这话虽然听上去有些残酷，但确实一语中的。如果不是因为人与人之间的矛盾冲突会发展到暴力的层次，政治现象就根本不会出现。而政治一旦出现，就要以暴制暴，因此，与卡尔·马克思齐名的社会学奠基人之一马克斯·韦伯才会把国家定义为在一个固定疆域内能够垄断对暴力的合法使用的机构。

但是，国家并不能只靠赤裸裸的暴力来维持统治，那样的统治不但成本极高，而且非常脆弱，难以持久。于是，国家必须为自己找到论证统治合法性的说法，也就是要说明它为什么可以垄断对暴力的合法使用，暴力为什么只应听从国家的支配。

回到上面的故事，我们就会发现，国王、富商和主教都分别提出了一种叙事，试图说服暴力（武士）受其支配。国王诉诸他世代相传的传统权威，富商诉诸人为财死的经济决定论，主教诉诸永生得救至上的宗教伦理。武士不论接受了哪个许诺，都是认可了该叙事的意识形态力量，也就默认了暴力要被相应的意识形态所驯服。当然，武士也可以选择暴力为王，不听从任何一种叙事的支配。但是，如前所述，这种如脱缰野马般的暴力固然可以在特殊环境下逞一时之快，但却一定不能长久。如果有一天武士自己想当国王，他还是一样需要诉诸神圣世系的追溯、富人财力的加持，以及宗教光环的罩护。

西班牙著名政治学家萨瓦特尔曾经精辟地指出，政治学就是研究服从的道理和反抗的缘由的学问。同为社会动物，人不同于蜜蜂和蚂蚁的地方就在于：对于社会秩序的安排、统治权威的树立和服从义务的施加，总要问一声凭什么。同理，如果对既有的秩序不满，要起来反抗，并寻求建立新秩序，也总要师出有名，要用道理打动人心，才能一呼百应，事半功倍。

探究底层秩序的学问

简单地说，**政治学是讲道理的学问**，但这里的道理不是一般意义上的道理，而**是关于社会底层秩序安排的道理**。所谓底层秩序，就是其他秩序都要以它为基础，如果没有这个底层秩序的支撑，其他秩序都无从谈起。

举例来说，假如我们正在教室里上课，突然有一股神秘的力量把老师和同学们带到了一个与世隔绝的太平洋荒岛上，并且失去了与外部世界的一切联系，那么接下来我们面临的首要问题是什么呢？有人说是资源分配，有人说是矛盾协调，有人说是危机应对，有人说是组织生产。

如果把我们在教室里上课的生活状态与此刻在太平洋荒岛上的生活状态相对比，就会发现我们最重要的缺失其实是底层秩序，亦即政治秩序，这才使我们把资源分配、矛盾协调、危机应对和组织生产都当成了迫在眉睫的问题。如果有了政治秩序，资源分配就有确定的规则（法律）可以遵循，矛盾协调可以去找权威的裁决机构（法院），危机应对可以向警察（对内）和军队（对外）求助，组织生产则有政府帮助界定清晰的产权边界，保障各种契约得到有效履行，甚至可以通过货币政策和财政政策调节市场的周期性波动。那么，上述几个方面的问题就算不得什么紧急问题了。可见，这个底层秩序的重要性是怎么强调都不为过的。

悖谬的是，政治秩序恰恰因为是底层秩序，而常常被视而不见，只有在失去时才能看出它的可贵。在当代世界，想想那些在很长时间里失去政治秩序的国家，如伊拉克、叙利亚、阿富汗、索马里、乌干达等等，不但百业荒疏，满目疮痍，就连在这些国家的短暂停留，都要让人担心可能随时遭到死亡的威胁，因为它们的政府无法提供最基本的安全秩序。

在政治思想史上，有一个专门描述这种无国家的或前国家的状态的词，叫作自然状态。著名政治思想家格劳秀斯、霍布斯、洛克、普芬道夫、卢梭等人的自然状态学说各有千秋，但有一个共同点，就是强调自然状态不可久留。由于自然状态的可怕和巨大的不便，走出自然状态、建立政治社会和政府就成为必需。

在当代政治学中也有一个重要的概念叫作失败国家，描述的正是那些政府完全无法提供最基本的公共产品的国家，而研究国家为什么会失败，也是政治学的重大课题之一。当然，有失败就有成功，有些国家可以同时实现强政府、法治和民主的结合，也同样让政治学家们充满了探究的乐趣。

历久弥新的学问

政治学与经济学、社会学并列成为当代社会科学的三大分支。但是，在这三大分支中，**政治学是当之无愧的最古老的学问**。经济学的奠基人是18世纪的亚当·斯密，社会学的奠基人是19—20世纪的孔德、马克思、韦伯和涂尔干，而政治学的历史却可以追溯到古希腊，距今已有2 000多年了。

柏拉图的《理想国》探讨何谓正义的人、何谓正义的政体、不正义的人是否获利最多、正义的人是否最幸福，这种深邃的问题意识依然能够被21世纪的读者深切感知。当代美国政治哲学家罗尔斯1971年出版的《正义论》及其引发的超过半个世纪的热烈讨论，在某种意义上可以被视为对“正义”这一政治学永恒主题的最新探索。

2 000多年过去了，政治学家们仍然在研究同样的主题，并不代表这个学科本身停滞不前，而是提示我们，尽管时空相隔千年万里，但人类始终要直面一些永恒的根本问题。这些问题包括但不限于：人性本善还是本恶，抑或既善又恶还是非善非恶？人性是固定不变的，还是由社会关系决定因而是可塑造的？一定要有国家吗？人类是否可以在无国家的社会状态中过上自由而有序的生活？如果一定要有国家，那么谁有资格成为统治者？不论统治者是一个人、少数人还是多数人，该如何处理政治权力与个人权利的关系，或如何划定两者的边界？个人权利优先还是社会权利优先？人与人之间是平等的吗？人与人之间应该是平等的吗？如何论证人的基本平等？何种不平等是可以容忍的，甚至是值得鼓励的？民主是好政体吗？民主与高质量的决策是相容的吗？如何协调自由与权威之间的关系？……

说这些根本性问题是永恒的，并不意味着它们的表现形式永远相同。事实上，这些永恒问题在不同的时代呈现自身时都有一时一地的特点，也就是说它们在表现形式方面是有一些特殊性的，但是其背后的逻辑则是相通的。不过，如果说这些问题永远都解决不了，即便如柏拉图、亚里士多德那样智慧的思想家也不能一劳永逸地给出答案，那么我们为什么还要费心去研究它们呢?

其实，研究它们的意义首先在于任何时代的人们都会面临这样的问题，无法做到视而不见、弃之不顾。另外，换个角度去想，如果不是因为存在着这些永恒的根本性问题，我们在阅读历史、品味古人的时候，就不会有什么感悟和共鸣了。这就好像刘慈欣科幻小说《三体》里的三体人不能够理解《三国演义》里的那些权谋一样，因为我们的政治问题与三体人迥然不同。如果不存在那些永恒的根本性问题，所谓纵论古今就是奢谈，历史学习也会变得寡然无味。

当然，问题是永恒的，研究却绝不是原地踏步。政治学不但视野开阔，而且在研究方法上也是开放包容的，这就使得这一学科能够做到历久弥新。传统政治学通常使用哲学、法学和历史学的研究方法，现代政治学则广泛借鉴了社会科学众多分支——诸如社会学、人类学、心理学、经济学等等——发展出来的多元方法论，形成了众多的交叉学科领域，包括政治社会学、政治人类学、政治心理学、政治经济学等。大数据、云计算和人工智能等新技术的发展也被政治学所吸收，形成了该学科的**最新分支：计算政治学**。

治国兴邦的学问

政治学研究不同于纯粹的哲学研究，政治学**始终是要面向实践的**。作为一门经世济民、治国兴邦的科学，政治学的发展总是**与国家和社会的发展紧密呼应**，因而深切感受着时代大势的跌宕起伏。

古希腊思想家亚里士多德就把政治学列入实践科学的范畴，特别强调其实践理性的品格。亚里士多德按照统治者人数的多少和统治是否致力于实现公共利益这两个标准，把古希腊的 1 000 多个城邦划分为六类政体，包括三种好政体（君主政体、贵族政体、共和政体）和三种坏政体（僭主政体、寡头政体、民主政体），并且强调不同的政体意味着迥然相异的生活方式。

亚里士多德的智慧至今仍闪耀着思想光辉。我们可以发现，从摇篮到坟墓，政治与每个人的一生都是利害相关、休戚与共的。国家的生育制度和政策可以决定核心家庭的成员数量，国家的教育制度和政策可以决定人们是否能够主要依靠个人努力而为自己争取到优质的教育资源，国家的经济制度和政策可以在很大程度上影响人们的就业机会和收入水平，国家的医疗制度和政策同个人和家庭因病致贫的概率以及人均寿命的长短都有紧密的相关性……

英国政治学家安德鲁·甘布尔指出，政治“关乎权威之证成、资源之分配、角色之界定、规则之制定及身份认同之确认，凡有决策事宜之处皆有政治存在”。政治一旦出问题，乃至失控，将不可避免地导致巨大的灾难。因此，政治学作为一门研究治乱兴衰的学问，其职责和使命不可谓不重大。

近代以来，中国对西方的认知和学习，经历了一个从器物层面到制度层面进而再到思想层面的不断深化的过程。发端于19世纪末的中国现代政治学学科，一开始就承担着救亡与启蒙的双重使命，这就使得整个学科的发展进程始终与国家和社会的革命与转型密切地联系在一起。

在全球化时代，世界不同国家和地区的人民生活相互依赖程度空前提高，在某种意义上确实构成了人类命运共同体，这使得西方政治思想、制度和政策实践的很多问题具有非常明显的外部性影响。如民主与民粹的张力、身份认同政治的勃兴、右翼和极右翼思潮的甚嚣尘上等等，都已经溢出了欧美国家的范围，形成了日益广泛的世界性影响。虽然切入的角度仍有显著不同，但中国政治学界与西方政治学界关注的研究议程已具有越来越高的重叠性和共时性。

胸怀祖国与天下，与国家的兴衰同频共振，这始终是政治学的根本关怀。

追寻最好生活的学问

一般来说，政治学可以被划分为政治哲学和政治科学两个部分。有一种常见的观点是，政治哲学是应然的研究，而政治科学是实然的研究。这种判断虽然不能说全无道理，但是却会产生一种误导，让人以为政治学被割裂为两个截然不同、各司其职的领域。事实上，这两个层面是相辅相成、缺一不可的。政治学一方面要向理想的共同体秩序敞开怀抱，另一方面也要切实把握政治行为和政治现象中的经验规律。既要让现实激发理想，也要让理想照亮现实。

政治学作为社会科学的分支之一，虽然在方法论上模仿自然科学，强调经验观察、规律验证和未来预测，但其学科性质与自然科学相比还是有一个关键的差异。自然科学致力于把握自然界的客观规律，但它只能发现和利用规律，却不能改变规律，更不能创造规律。政治学不但致力于发现既有现实中的规律，还可以通过新的观念和实践来创造新的现实，从而创造新的规律。

以民主为例。民主虽然在古希腊有过短暂的辉煌时刻，但在更加漫长的人类政治史上，它一直被视为一种坏政体。直到卢梭和法国大革命分别从观念上和实践上改变了民主长期背负恶名的历史。接下来的 200 多年中，经历了亨廷顿所总结的民主的三波浪潮之后，到了今天，民主已经几乎成为唯一正当的政体形式。与此前几千年的等级制社会相比，这是一个人为创造的全新的政治现实。

政党是另一个类似的例子。在历史上，政党与派系基本上是可以互换使用的词语，而党争也一直被视为政治上的至恶。然而，随着民主时代的到来，政党政治竞争也很快获得了前所未有的政治正当性，甚至被当作衡量民主政治是否健康运行的重要标准。在政党的声誉由负转正的历史上，我们也看到像马基雅弗利、博林布鲁克、柏克、休谟等思想家在政治观念上，以及不同国家在政治实践上做出的创新。

事实上，从古希腊时期开始，政治学的探究就**与美好生活的追求紧密联系在一起**。所谓最佳政体，就是人们可以在其中实现最好生活的底层秩序安排。对最佳政体的探索，因而也是对至善生活的追寻，是古典政治学留给现代政治学的宝贵遗产。它始终激励我们，不但要全力以赴地去探索发现，更要孜孜以求地去创造这样一个政治共同体的秩序框架，使得我们有最大的可能性**在其中实现美好的人生价值**。

05

政治学是一门有价值追求的学问

刘训练
天津师范大学

刘训练

天津师范大学政治与行政学院院长、教授、博士生导师,《政治思想史》主编;兼任中国政治学会常务理事、副秘书长,中国政治学会青年工作专业委员会副会长,天津市政治学学会副会长。长期从事西方政治思想史、政治哲学的教学和研究工作。在《政治学研究》等期刊发表学术论文60余篇,发表专著、译著多部;参与马克思主义理论研究和建设工程重点教材《西方政治思想史》的编写和修订工作;主编、联合主编多部大型译丛。

一

任何一门学科的学科品格，都是由其研究对象的特性所决定的。因此，政治学的学科品格就是由政治学的研究对象亦即“政治”的特性所赋予的，而要认识政治的特性首先就必须回答“什么是政治”这个问题。

为了回答这个问题，依据前人的研究，结合个人的理解，我们可以提出如下几个命题：

（1）政治是与经济、文化相并列的人类社会生活三大基本领域之一。

（2）利益与原则构成人类政治行为与政治活动的基本动力。

（3）合作与斗争（竞争、冲突）构成人类政治生活的基本内容。

（4）国家权力及其强制性与公共性是政治区别于人类社会生活其他领域的最大特征。

（5）政治的目标是维护秩序、控制冲突、促进合作；政治的难题是如何识别和判断公共利益、如何挑选和监督公共权力的行使者，以及如何促成和培养普通公民的美德。

第一个命题几乎不需要做更多的解释。尽管人类的社会生活到底可以划分为几个基本领域，还可以继续讨论（比如，社会是否可以构成一个独立的领域）；但没有人会否认政治是人类社会生活的基本领域之一。而且，由于后面将要阐述的理由，政治还构成了人类生活其他方面的根本性框架，具有无可置疑的重要性。

相比之下，第二个命题则需要详加辨析。

王浦劬教授在其领衔撰写的政治学经典教科书《政治学基础》的奠基性章节“利益与政治”（由王浦劬教授执笔）中，对政治中的利益问题做了原理性的阐述。他强调，“利益是社会成员政治行为的动因”，“利益是人们结成政治关系的出发点”；他同时指出，按照“不同的构成内容”可以把利益划分为“物质利益”和“精神利益”，利益在形式上是“作为人的主观意识存在的”[①]。

考虑到在日常语言中，利益主要是就“物质利益”而言的，而且上述教材并未对“精神利益”做出界定；所以，如果我们要对人们政治行为与政治活动的动因做出全面的论述，那么就有必要对政治生活中非物质的、精神的因素做出补充性说明。

正如下面会强调的，人类行为的非物质性动因在不同的

① 王浦劬，等:《政治学基础（第五版）》，北京：北京大学出版社，2024年，第86、84、74页。

语境和情境中有不同的称呼，这里姑且称作“原则”。——之所以不用“思想”或“观点”来表述这种与“物质利益”对应的精神因素，是因为“思想”或“观点”不仅仅在于其观念形态，也在于其观念形态的系统性、严整性，而作为人类行为的动机，“原则”未必是系统的、严整的观念。

想来如下的论断不会引起太大的争议：人——无论是作为个体还是作为群体——既是物质性的存在，也是精神性的存在；用传统的术语说就是，人的存在具有身体与灵魂两个部分。因此，人类有意识的行为与活动主要是围绕利益和原则这两个维度（用费孝通先生的话说就是利害关系和道义关系）展开的；而且，虽然利益和原则可以单独发挥作用，但更多情况下它们是不可剥离的。人们的政治行为和政治活动同样也是如此，也就是说：利益与原则构成了政治的原动力，并且它们往往共同发挥作用。

因为利益在人类政治生活中的重要性几乎不言而喻，所以，以下主要谈一谈政治中的原则问题。

首先，我们所谓的“原则”，在西方古典的道德与政治论述中有时会被表述为“荣誉”（或荣耀，区别于金钱、财富），这时突出的是其作为人类行为之心理动机的面向；有时人们会在褒义或者肯定的意义上称其为“理想”或“价值”，有时则在贬义意义上称其为“执念”甚或“迷信”。由此可见，所谓非物质的精神性因素，并不一定都是正面的，完全有可能存在错误的、扭曲的、虚幻的“原则”或“理想”。

其次，按照辩证唯物主义，原则与利益有着千丝万缕的联系——人们往往喜欢强调“思想背后可能隐藏着利益的驱动”[①]；但我们也必须承认并强调原则对于利益的独立性。原则与思想观念的形成也许有其最初的利益起源，但并非必然产生于利益；而且，原则也有可能超越利益而单独发挥作用。

① 陆建德：《思想背后的利益》，桂林：广西师范大学出版社，2005年。

很多时候，原则、理想恰恰因为其对利益的独立与超越而产生吸引力，受到尊崇。

再次，原则在政治生活中是如何发挥作用的？对于普通个体来说，原则通常作为政治心理、政治信念发挥作用；对于群体（阶级阶层、政党组织）来说，原则可以作为政治价值、政治理想发挥作用；当然，作为观念形态，原则还可以进一步扩展为政治思想和政治理论，在更广泛的层面发挥意识形态的作用。——在当代西方国家的政治生活中，我们便可以看到承认的政治（politics of recognition）、认同（身份）的政治（politics of identity）之类“原则的政治”实例；而当代政治哲学中所谓“承认与再分配之争”，便涉及原则（文化诉求）与（经济）利益作为政治动力机制的区分和争论。

最后，原则得以发挥作用的机制还直接影响着人们对利益的认识和理解。要知道，即使是物质利益本身有时也不是直接呈现的。事实上，整体利益与局部利益、长远利益与短期利益、根本利益与次要利益，以及个体利益与集体利益、个人利益与社会利益、私人利益与公共利益，诸如此类的区分，无一不受到利益之观念表达的影响，而利益的观念表达必然要借助于原则。——这就是休谟所说的，“虽然人们常常受制于利益，然而甚至利益本身以及人类的一切事务无不完全受制于意见”（《英国政府是倾向于绝对君主制还是共和制？》）。[1]

二

第三个命题与第二个命题密切相关。

人类要过社会生活，这就意味着，社会中的人与人之间

---

① D. Hume, “Whether The British Government inclines More To Absolute Monarchy, Or To A Republic”, in *Essays: Moral, Political and Literary*, Eugene F. Miller ed., Indianapolis: Liberty Fund, 1987, p. 51.

必然需要合作；但由于利益和原则的差异，他们之间也存在着必不可少的竞争、冲突与斗争。因此，合作与斗争构成了政治生活的基本内容。

这一命题其实是基于两个预设，即资源稀缺和人性复杂。休谟在《人性论》中和罗尔斯在《正义论》中关于“正义之环境”的说明，也都指向了这两个预设。所谓人性复杂，即是说，人既是自私的，但又有一定的仁爱和慷慨之心；既非天使也非魔鬼。

为了调控冲突，维护合作，人类社会必须形成特定的规则，在人与人之间建立基本的信任感和确定性，这便是政治的起源。具体来说，冲突之控制、合作之促成、资源之分配、利益之协调、规则之确立、秩序之维持，在根本上离不开权威，亦即权力的合法使用。这就引出了关于政治的第四个命题：政治的核心是（公共）权力，更具体地说就是国家；国家权力具有强制性与公共性，这是政治区别于人类社会生活其他领域和方面的最大特征。

宽泛意义上的权力，即一个人影响另一个人的能力，并不一定就是政治的，狭义的权力则专指政治权力；而政治的核心在于国家，国家权力是一种特殊的政治权力，也是一种特殊的公共权力。

作为一种特殊的政治权力，国家的要件在于其强制性和垄断性，亦即只有国家（及其政府机构）拥有征税权、征兵权、立法权、惩戒权，而所有这些权力又都以军队、警察、监狱等暴力机关和设施为后盾。

作为一种特殊的公共权力，国家的正当性在于其公共性，亦即从规范的角度说，国家、政府的强制性和垄断性之所以能够得到人民的服从与认可，就在于它至少在名义上是为了公共利益。作为公共权力，国家和政府代表着公共利益，这是其唯一的合法性来源。

由此，我们不难得出命题五：政治的目标是维护秩序、控制冲突、促进合作；政治的难题是如何识别和判断公共利益、如何挑选和监督公共权力的行使者，以及如何促成和培养普通公民的美德。

政治的目标比较容易理解，我们现在需要具体分析一下政治的难题。从规范意义上说，政治的要义在于公共权力的正当行使，亦即要保证权力是为了公共利益而行使（在阶级社会，这是一种名义和理想；在社会主义社会，这是一种规范和要求）。这就意味着在政治生活中必须处理好或者说解决好三个相互关联的难题：如何识别和判断公共利益、如何挑选和监督公共权力的行使者，以及如何促成和培养普通公民的美德。

这三个难题在人类的政治生活中由来已久，也不可能奢望一劳永逸地加以解决。前面已经指出，即使是个人的、物质的利益也不是直接呈现的，更遑论公共利益；而公共利益又是权力运行之正当性基础，所以，总是存在着少数人以及特定阶级、阶层和集团的利益被伪装成公共利益、大多数人利益的情况。无论是在基本宪制层面，还是在具体公共政策层面，通过什么样的程序和什么样的方式来识别、判断公共利益，始终都是绕不开的话题。“谁统治”和“谁来监督监督者”（Quis custodiet ipsos custodes?）同样是一直困扰着人类的政治难题，从“哲人王”到“先锋队”，诸如此类的方案，都没有从根本上解决问题。对于普通公民来说，则需要克服“搭便车”现象，解决“集体行动的逻辑”和“公地悲剧”等困境；如何培养公民美德，也就是公民维护公共利益的意愿和能力，是政治生活中需要不断追问和探求的议题。

综上所述，政治学就是对上述政治活动、政治现象及其目标与难题的认识、思考和研究；因为政治的核心是国家，所以，政治学以国家问题为中心，**“政治学是研究如何认识国家，如何组织国家，如何管理国家的学科”**（徐大同先生语）。

通过以上对作为政治学之研究对象的“政治”的简要分析以及关于政治学的初步界定，我们想强调的是，政治学是一门有价值追求的学问。

在很多人眼里，政治无非就是争权夺利，即使说不上有多么肮脏，至少也谈不上有什么理想信念与价值追求；就像美国作家比尔斯（Ambrose Bierce）在《魔鬼辞典》中以愤世嫉俗的方式对“政治”所作的如下定义：“一种假装成不同原则之较量的利益冲突，一种假公之名行私利之实的勾当”。

然而，我们的分析却表明，这样看待政治就过于简单化了。

首先，社会中的每个人都无法摆脱政治，政治为我们的社会生活与每个人的行为提供了根本性的框架。所以，政治在本质上是一个非常严肃的话题——**“政治是关于生与死的**

事情”（卡尔·多伊奇语），我们不能回避它，更不能把它低俗化，对政治的怀疑主义、犬儒主义态度不可取。

其次，无论是就个人行为而言，还是就群体以及整个共同体而言，政治活动都离不开原则（价值、理想）的浸润、激发与推动。因此，我们不能简单地认为，政治就是争权夺利；那肯定不是政治的全部——有很多政治现象都无法为粗糙版本的现实主义政治观所解释。

最后，政治的目标不仅仅是维护安全、秩序，也包括追求公平、正义，政治的运行不仅仅依靠暴力、权力，也要仰赖理性、德性。所以，卢梭在《社会契约论》中才会说：“即使是最强者也决不会强得足以永远做主人，除非他把自己的强力转化为权利，把服从转化为义务。……强力并不构成权利，而人们只是对合法的权力才有服从的义务”。

所以，我们研究政治，不仅仅要研究人性的、各种社会关系的，以及权力运行的一般规律，而且还要研究、探求政治的原则、价值与理想。

当然，无论是我们作为普通公民在政治生活中对原则的坚守，还是我们对政治权力之公共性与正当性的期待，都只是应然的理想，而非实然的现实。但是，理想与现实的差距（有时这种差距还非常大）绝不应该让政治的研究者放弃对价值的追求，**政治学不是权谋术，不是厚黑学**；政治学的研究者应当自觉地承担起为政治正名的使命。

总之，政治学既是一种治国术（statecraft），也是一种灵魂术（soulcraft）；**它是一门有价值追求的学问，值得有理想、有志向的青年学子投身其中！**

06

政治学的魅力

张楠迪扬
中国人民大学

张楠迪扬

中国人民大学研究生院副院长，中国人民大学公共管理学院教授、博士生导师，中国人民大学国家发展与战略研究院研究员，中央机构编制委员会办公室入库专家。主要研究领域为数字政府、政务服务与行政审批制度改革、政商关系与营商环境、地方政府治理与创新等，曾在国内外期刊发表多篇学术论文，主持国家自然科学基金项目等各类课题数十项。

政治学的家与国

政治学是一门古老而有魅力的学问。古希腊哲学家亚里士多德在《政治学》中说："**人是天生的政治动物**"。政治学源于人的本性，无论我们来自哪里、兴趣爱好是什么、学习什么专业、是否从事与政治相关的工作，都离不开政治。政治学也因此从根本上刻画着人类社会的组织形态、发展趋势、变迁轨迹，深刻地影响着每个人的日常生活。

提起政治学，经常有人把它想象得很遥远，其实政治学离我们很近，是日常的、推己及人的学科，就在普通人的起居坐卧中。"经济"（economy）一词源自希腊语"oikonomia"，意思是"家庭管理"。在古希腊，政治是有关城邦的管理，经济又是城邦管理不可或缺的维度。在亚里士多德看来，政治学虽然与家政学有所不同，但两者都关乎管理，这也就使"家"同"国"天然地联系在了一起。中西方智慧在很多关乎人类社会的根本形态和理念上是相通的。源自《礼记·大学》的"修齐观”阐述了中国古代儒家的伦理政治观。“修身齐家治国平天下”描绘了君子修身、成仁、报国的品德和抱负。从个人修养到家庭管理，再到社会与国家治理，个人品德、家庭和谐、国家昌盛之间的关系是如此紧密相连，又前后依存。现代民族国家诞生后，国的观念得到了进一步强化。与英语不同，中文将“国”和“家”相连，以“国家”作为对“国”的表达，更为直接地体现了中国的家国观。从古已有之的文化传承，到现当代的国家观，政治学对家与国的关切，把两者深深地链接在一起，让个人与国家同呼吸共命运，每个人的身边小事，都是国家治理积跬步以至千里要关心要增进的民生福祉。邻里帮扶社区共治是政治，资源共享道路停车是政治，政府向前一步贴心服务也是政治，政治就在我们的身边，就像生活中的柴米油盐，无处不在。政治学是关心日常生活的学问，同时又具有强烈的时代感，一端系着平凡人的喜怒哀乐，另一端连着波澜壮阔的宏大叙事。日常生活的点点滴滴都是国家的关注点，都是组成国家发展历史洪流中跳跃的音符。这也让政治学成为时代参与感和使命感极强的学科。

公共生活中的政治学

政治学关心公共生活。我们生活在这个世界上不仅经历着个体的感受和体验，也每时每刻都在与他人互动。每个人都生活在群体中，与他人的互动形塑着人类社会的组织形态，我们必须面对如何与他人共处，必须思考如何在与他人共处的过程中达至更好的生活。政治学家汉娜·阿伦特在她的著作《人的境况》中说，政治是最重要的人类活动形式。政治是一种社会活动，源于人与人的交往和互动，天然具有群体性和公共性，关乎群体秩序和公共生活。不同于封闭的、主要关注家庭事务和个人利益的私域，公域通常是开放的空间，公众可自由参与公共事务的讨论。20 世纪 60 年代，德国哲学家和社会学家尤尔根·哈贝马斯提出了公共领域的概念和理论。公共领域是介于私人领域和国家之间的开放性场所，人们在其中可以讨论公共事务。哈贝马斯认为，现代公共领域起源于 18 世纪欧洲的沙龙、咖啡馆等场所。实际上，在正式成为一个学术概念和理论之前，公共领域就一直存在，可以追溯至古希腊城邦的城市广场。

公共生活和私人生活也因此获得了显著的不同。我们每个人都既生活在公域也生活在私域，但却不能简单地将私人生活中所熟知的规则推演到公共生活，因为公共生活中涉及更加多样化和广泛的群体，有着多元利益诉求和价值观。有着不同背景、不同关切、不同立场的人们如何能够其乐融融地生活在一起，是政治学从古至今要探索的问题。比如，什么样的群体秩序是好的？大家在一起应该怎样决策？制定的制度如何具有共识性和约束力？如何调节和化解社会矛盾和冲突？这些都是政治学关注的核心话题。

人们追求公共生活中的良善政治，就需要关注政治、经济、社会、文化等一系列议题。如何提升政府透明度减少腐败？如何制定更好的经济政策促进经济发展？如何减少贫富差距增进社会公平？如何改善教育医疗等社会福利并提升生活质量？这些问题都存在于公共生活之中，是政治学永恒的话题，却常议常新。历史变迁、时代发展，在不同的历史阶段、不同的社会结构、不同的制度与文化背景中，同样问题的表现形式、背后的价值逻辑、需要的解决方案可能完全不同。这些问题的提出、发展与变化，对问题的讨论、研究和解决，既勾勒了政治学学科与理论发展的脉络，也让政治学成为一门富有挑战性的学科。现实世界纷繁复杂，很多时候我们看到的可能只是问题的表象，期待的局面可能过于理想，然而对实际问题的解决不仅需要技术力量，更需要政治智慧。经济学家肯尼斯·阿罗提出了阿罗不可能定理，指出当试图将个人偏好汇总为社会偏好时，不可能同时满足所有定理条件。阿罗不可能定理为理解社会选择和集体决策提供了理论依据，意味着集体决策必然涉及价值判断和妥协与让步。在这个意义上，政治不仅是“谈判和理性的辩论”，也是沟通调解与协商的艺术。当社会生活中不同人群的想法意愿并不一致时，如何通过沟通与交流达成共识？当共识难以达成时，如何制定满足最大多数人意愿的调和方案？又如何在满足最大多数人意愿的同时，尊重和保护少数人的利益？这些抽象的问题落在具体的情境里，又可能会演化出多重表现形式的治理难题，考验着治理者的智慧和创造力。

政府的起源与角色

政治是关乎权力与权力运行的学说。公共生活中的秩序和规则不会自发形成和保持，其中的核心组织者至关重要。在政治学的范畴里，这一核心角色就是政府。政府运用其保有的权力规范和影响社会生活的规则与秩序，成为社会生活的组织者。政府产生于政治权力的运行结果，政治权力通过政府行使行政权力，为国家和社会运行的各个领域制定制度和规则，形成社会运行的秩序，引领和规范国家和社会的整体发展。所以说，即便政治是相对较为抽象的存在，政府却是实实在在的具象存在。无论是否被意识到，每个人的生活中都有政府的印记。作为公权力的行使主体，政府对公共生活有着深远的影响，政府的组织运行和行为历来是政治学关注的研究话题。

政治学中有关政府的讨论由来已久。政府是一定存在的吗？人类社会为什么需要政府？政府的起源是怎样的？政府的边界在哪里？应该有哪些职权？英国政治哲学家霍布斯在其著作《利维坦》中阐述了他对政府起源的思考。在他看来，人类社会的自然状态是"一切人反对一切人的战争"。虽然人与人之间基本平等，但在资源有限的前提下，人们为了获取利益会引发相互冲突，最终陷入弱肉强食的野蛮争抢境地。为了摆脱这种自然状态的困境，人们开始同意订立社会契约，约定遵守共同制定的秩序。虽然社会秩序对人们形成了约束，但也同样构建了保护机制。为了寻求和平与安全，人们同意让渡部分自然权利，建立一个行使主权的政府，维护和平、保护人民、谋求发展。这就是霍布斯推演的政府的起源。霍布斯的观点为社会契约论奠定了理论基础，影响了之后的洛克、卢梭等社会契约论者。

从今天的世界现状看来，我们无疑是需要政府的。政府作为各国的领导机构，对世界格局和国内政治的牵引力量，早已成为了当然状态。特别是民族国家出现后，严格意义上说，当今世界不存在完全没有政府的国家。个别地区因战乱等多种原因，存在中央政府能力不足、对国内缺乏有效管制的局面。但整体上政府对于国家的重要性毋庸置疑。

长久以来，政治学、经济学等多学科一直都将政府的边界作为一个热议话题。政府的职能到底应该有多少？政府和市场、政府和社会的关系是什么？围绕小政府和大政府，很多学者和实践者进行了长期的争论。经济学家和政治哲学家弗里德里希·奥古斯特·冯·哈耶克是小政府学说的代表人物。他认为自发秩序优于人为设计的秩序，倡导自由主义和小政府。约翰·梅纳德·凯恩斯、约瑟夫·斯蒂格利茨等学者则支持大政府，认为市场并非总是能成功自我调节，市场失灵需要政府进行积极干预。小政府的倡导者更多强调市场效率，大政府的支持者则强调社会公平。伴随着这场持久争论，世界各国也在实际政策层面进行不断探索。问题的根本并非在讨论中各执一端，而是如何在持续调适中寻求最适合发展的平衡。如何既发挥政府积极有为的能动性，又充分发挥市场在资源配置中的决定性作用，改革开放以来，我国从计划经济转向社会主义市场经济的改革就是典型的探索之路。中国的改革实践与经济腾飞向世界证明了政府对于引导国家与社会发展的积极作用。

政府如何更好地发挥引领与规范的作用呢？政治学不仅关心政治制度的建设与发展，同样关心行政体制的改革和创新。德国社会学家马克斯·韦伯对官僚制的分析对现代组织理论产生了深远的影响。他所描述的科层制明确职责分工、对行政层级的划分、对规章制度的重视、对专业化职业化的强调等刻画了现代政府的基本面貌。韦伯认为这凸显了现代官僚体制的科学和效率。虽然韦伯的理论影响广泛，批评的声音却从未间断。科层结构的固化、人性化不足、僵化的规则导致效率损耗被认为是官僚体制的明显缺陷。这些声音几乎从官僚制理论兴盛之时起就一直存在。尽管如此，现代政府的形态依然保持着官僚制的基本结构，这至少说明科层制的优点可能同缺点一样鲜明。政治与行政学家自科层制诞生以来就致力于优化行政体制和政府结构。行政层级有利于聚焦行政管辖，但过多的行政层级又会造成政策执行损耗；政府部门分工有利于提升专业化水平，但同时会形成部门壁垒阻碍整体协作。怎样才能寻找到最优设置，既提升效率又激发活力？一代又一代的学者聚焦政策过程、政策执行、部门协同、组织机构变迁等话题展开了大量研究，提出了很多丰富有启发性的理论和分析框架。

走向多元协同与善治

当然，在政府之外还有其他主体与政治紧密相关。20 世纪 90 年代以来，“治理”（governance）概念在政治学及公共管理领域的热度大幅攀升。治理研究的数量相较于以往成倍增加。传统的政府管理更多强调政府作为主体的管理和管制。“治理”则更强调政府之外的其他主体对社会治理的参与。政府不再唱独角戏，社区、企业、非营利组织、社会团体等都可以参与治理过程，与政府一起共商共建。伴随着多元主体受到更加广泛的关注，参与式治理、协同治理、共同生产等概念和理论视角开始出现在更多的研究中。新范式的兴起、社会结构变迁与阶层发展有关，回应的依旧是政治学关注的经典问题：如何以更好的方式实现更优的集体参与和决策。回到政治学的社会生活属性，社会中存在不同的群体，如何搭建制度渠道，更好地吸纳不同群体的意见；如何构建多种机制，引导多元主体全过程有序参与公共政策的制定；如何在鼓励参与的同时保证效率，实现高质量决策？这些问题直到今天都是学者和实践界持续探索的研究课题。

政治学是关乎正义的学科。人们参与公共事务是为了寻求更美好的生活。这种对善恶、美丑的辨识天然存在于人类的社会属性中。这是亚里士多德提出的“人是天生的政治动物”的内在含义。人们在公共生活中讨论善与美，形成良善的社会秩序，激发潜能，达到更高层次的自我实现与升华。在公共生活中，我们不仅关心自我，还关心他人，关心如何一起变得更好。为了实现这个朴素而高尚的愿望，千百年来政治学者持续不断关注如何在各种不同的情境下实现公平正义、提升福利水平、增强幸福感知。虽然战争和贫穷依然存在，但只要我们大多数人眼中有光、心中有爱，愿意参与建设家园并努力维护共同的秩序，这个世界就会变得更加美好。这也是政治学致力研究并希望达至的。

07

在谋食与谋道之间理解政治学专业

任剑涛　清华大学

任剑涛

清华大学政治学系教授，教育部“长江学者”特聘教授。近著有《建国之惑：留学精英与现代政治的误解》（2012年）、《复调儒学：从古典解释到现代性探究》（2013年）、《拜谒诸神：西方政治理论与方法寻踪》（2014年）、《公共的政治哲学》（2016年）、《当经成为经典：现代儒学的型变》（2018年）、《中国的现代国家构造》（2019年）、《混搭的承诺》（2025年）。曾主编“当代西方政治学前沿译丛”“政治哲学研究丛书”等。

要明明白白讲出读政治学专业的好处，还真是一件比较困难的事情。政治学专业在此间被冷落了好长时间，好多学校干脆在近期撤并了这个专业，说是社会不需要，就业有困难……反正政治学专业不得不忙于专业存在理由的尴尬自辩，而且自辩的效果似乎更显尴尬。

其实，政治学专业的处境，并不是一直这么不尴不尬的。从近处说，20 世纪 80 年代热火朝天的改革，曾经将政治学推向了所有学科的最前沿。在一段时间里，政治学专业不仅吃香得很，各类高校纷纷设立政治学与行政学专业，连谈论政治学都成为一种时髦。之后，政治学专业转入沉寂，政治学相关话题被经济学、社会学、法学等话题所取代。加之公共管理专业的替代性兴盛，政治学的社会学化、公共管理化特点逐渐明显起来，政治学学生与学者有点迷茫起来。

在发达国家中，政治学专业似乎也经历了冷热不均的转变。一时让大学生争先选择的“PPE”，其实就是政治学、哲学与经济学的抱团取暖，三个学科需要相互借取资源，以便形成可以与其他热门学科相抗衡的集束学科力量。但也不是说政治学被显著冷落。一些学校的政治学以其学术研究、学科强势和影响显著，为国际社会与同行高度关注。譬如在著名的哈佛大学，就有两个政治学机构，一个是从事基础研究的政治学系（Department of Government），另一个是从事应用研究的肯尼迪政治学院（Kennedy School of Government）。只不过在中国，为了适应已经管理学化的政治学语境，它们一被翻译成政府系，一被翻译成政府管理学院。这两个翻译都是不准确的。因为广义的政府论，其实就是政治学。可见，政治学是哈佛大学的一个热门学科，同一所大学，居然同时设置了两个功能不同的政治学专业机构。

说起来，不管政治学的处境是冷是热，它的历史却是十分悠久的。从亚里士多德写作《政治学》一书来看，它就掀开了政治学专业的历史帷幕，并进入公众的知识视野。在中国，道家创始人老子对“君王南面之术”的揭橥，儒家创始人孔子对“政者，正也”的精神揭示，韩非对“上下一日百战”的政治争斗的描述，标志着政治学在中国的诞生。政治学之所以具有这么悠久的历史，是因为人类生活本质上就是政治的。孙中山所谓“**政治就是众人之事**”，便是这个意思。中国儒家大师荀子则以政治来区分人类与动物。他指出，人与动物之别，就在于“人能群，彼不能群”。也就是说，人类能够以合群的组织方式，与动物划分出根本界限。至于人为什么能群呢？荀子的回答与晚近阶段经济学的创建者亚当·斯密的回答异曲同工：前者的回答是“明分使群”，后者的回答是分工合作。

在现代社会中，政治学专业与政治发展程度是成正比的。现代，是与传统相对而言的。现代与传统固然不是一分为二、全然对立的。它们之间的关系是交错存在、相互作用、互为影响的。但作为人类社会形态的两个分析类型，现代与传统各具特点，成为人们认识人类社会发展类型的两个理想范式：现代是以政治限权、经济自由与社会多元为类型特点的，传统则以政治专制、农耕经济与封闭社会为类型特点。在传统社会中，政治处在低度发展状态。因此，政治学有所发展，但总是处在发展不足的状态。甚至在大多数古代政体中，政治学不得不屈从于政治，委身、服务于现实政治的权力需要。到了现代这个在时间上以 17 世纪为标志、在结构上以“王在法下”为标识的社会，政治发展在速度上愈来愈快，在质量上越来越高，政治学也就获得了它的学术发展强劲动力。不仅在 17 世纪展现了政治学现代发展的黄金时代，而且在 18 世纪以启蒙思潮的面目进入人类社会生活的中心场域，发挥出引领人类现代生活的强大动力。随着政治上有效限制专权，政治学的发展为随之而起的政治经济学开辟了地盘，逐渐分化出经济学、社会学与法学等现代社会科学学科。

现代大学设立政治学专业是比较晚近的事情。在这方面，中国的起步几乎与西方国家同时。19 世纪晚期，西方国家开始在大学设立政治学专业。1887 年，哥伦比亚大学建立政治学系。1905 年，广东法政学堂成立，政治学专业出现。此后，西方国家的政治学系普遍出现。中国大学中的政治学系也先后在北京大学、清华大学等校设立。政治学的专业著作陡增、学生数量明显增加、就业途径较为多元。这是政治学专业化的一个时代。但随着政治学的哲学化与科学化分途，政治学学科资源被摊薄了。关于政治学基础理论的部分，被分解到哲学系的政治哲学中去了；关于行政学的那部分，被分解到管理学中去了；关于政治学行为解释的那部分，则被分解到政治科学中去了。一段时间里，它们都被统称为政治学（politics）。但随后政治哲学（political philosophy）、行政管理（public administration and management）、政治科学（political science）便分属于哲学、管理学与政治学三个领域。政治学作为一门分化出多个学科的母学科功能鲜明地呈现出来，但学科地盘，似乎越来越小了。自然，这些学科的交叉作用，也让政治学保有了一个建立在学科交叉作用意义上的开阔学术地盘：围绕国家权力及其运用，政治学在可见的将来，应该是一门不会消失的学科。

那么接下来的问题是：在大学读政治学，如何读？有什么用？这是两个需要分别来看的问题。先说大学的政治学专业如何读的问题。需要承认，进入大学政治学与行政学专业（这是政治学本科专业的部颁名称）就读的学生，不少是被专业调剂后入读的学生。因此，政治学专业的入读学生，首先就面临一个专业认同的问题。面对一批并不是以首选专业入读政治学与行政学专业的学生，教师“如何教”的问题，胜过学生“如何学”的问题。以我自己的经验，大学政治学专业是不是能对这些学生产生吸引力，依赖于第一学期重要课程的开设、教师的甄选与教学的效果。“政治学原理”是大学一年级的基础课程，一般院系都会派年轻教师任教。年轻教师固然有知识鲜活和工作积极性等优势，但驾驭知识与课堂的能力有待提高，因此并不是一年级基础课最合适的任教者。倒是由资深且具名望的教师来讲一年级的“政治学原理”基础课，有利于提高学生的学习积极性与专业认同感。我曾经与几位资深教授一同担任“政治学原理”基础课的教学，发现效果确实不错。不仅稳住了专业学生的基本盘，矫正了专业学生转出的流向，而且吸引了不少其他专业甚至是热门专业的学生转到政治学专业就读。一时，让我等任课教师备受鼓舞。

“如何教”当然还需要与“如何学”互动起来才行。“如何教”的问题，除了教师需要激发学生学习政治学的兴趣以外，政治学的知识含量必须要高，教学一定要得法，师生的互动必须要积极。但“如何学”的问题也很重要，因为这涉及学生的投入、知识的摄取、学以致用等等。这些问题，关系到学生是不是在政治学专业可以有知识与实践的获得感。如果一个专业让人缺乏获得感，这个专业的理论存在理由就失去了。学生“如何学”，优先浮现的问题是学生学习政治学的认知难题，即学政治学有什么用？这首先是一个理论问题，其次才是一个实践问题。

作为一个理论问题，学政治学有什么用的问题，从两点呈现出来，一点是政治学的知识是不是够专业的问题，另一点是政治学的知识是不是真正可以帮助学生理解政治现象、分析政治时事、理解政治生活、把握政治要领。从前一点来讲，政治学的专业性是毋庸置疑的，这是它足以传承 2 000 多年的根本理由。但如何将政治学的专业知识教给学生，这是一个影响学生对政治学是不是专业知识的看法的关键问题。为此，需要循序渐进，将政治学原理、政治思想与政治制度的古今知识传授给学生，让他们感受到政治学知识的博大精深，值得为之付出时间和精力去学习。我自己就习惯于给新生推荐“一论两史”，作为政治学入门书籍，“一论”是罗斯金等著的《政治科学》，“两史”是萨拜因的《政治学说史》、萧公权的《中国政治思想史》。这是一个务实的推荐，三本书足以让学生找到政治学知识的门径。务虚的推荐，常常是一上来就给学生推荐一大堆经典名著，结果常常是败坏了学生学习政治学的胃口。原因很简单，一个学科的经典之所以为经典，就是因为人人都觉得很重要，但人人都觉得难读而不读。读经典，需要在积累相对足够的基础知识的情况下，才有动力，方有收获。因为那样才能进入一个学科的深邃思想世界，而不会浮光掠影，不知经典之为经典的思想缘由。至于政治学的新知，不管是政治理论的，还是政治科学的，都需要在引发学生学习兴趣的前提条件下，让学生尽量汲取。

政治学知识教育是个需要花功夫才能做好的事情。这不仅是因为政治学知识积之既久，需要教学双方去寻找进入政治学知识大门的门径，而且也是因为政治学知识由浅入深、由点及面、由书面到实践，确实有一个循序渐进的知识积累路径。政治学属于实践科学范围。**试图理解政治学知识，不仅需要在知识逻辑上下功夫，还需要紧贴政治实际生活**。这是政治学一直是鲜活知识的缘故。紧贴政治实际生活，不是为现实政治贴金，也不是为现实政治辩护，更不是故意为权力唱赞歌。紧贴政治实际生活，是要在现实的政治场域中为学生展示政治学知识对他们理解政治现象的有效性，呈现政治学知识与政治生活的互嵌互动关系。一切刻意回避政治实际生活的政治学知识传授，都是窒息政治学生机的做法；而一切迎合现实政治的“政治学”学业传授，也是在戕害政治学的知识生命。

作为一个实践问题的政治学教育，需要找到大学校园内的知识教育与大学校园外的实践教育接口。政治学专业教育不是高墙深院中的隐秘技能传授，而是必须公之于众的公共技艺的塑造。打通政治学知识传授与实践技能锻造的通道，是政治学专业教育通向实践世界所必需的。**一种“旋转门”的制度安排是必要的：在大学中讲授政治学知识的专业人员，应该有必需的从事政治实践的工作经验**。这不是说一定要给政治学教授们官职，而是说他们不能被隔绝在政治实践世界之外。如果他们被隔绝在政治实践世界之外，他们所讲授的政治学知识就会出现隔靴搔痒、不着边际、以空对空等现象。这样，不仅政治学教授不理解政治，也会造成“以其昏昏，使人昭昭”的知识传授悲剧。至少，政治学专业师生，需要有广泛的进入政治实践世界的渠道，让他们得以了解政治的实际运行情况，让政治学知识不至于与政治实践处在完全脱节的窘迫状态。

政治学既然是实践知识，就天经地义地有一个学以致用的问题。这里的用，有三个基本含义：一是理解政治实践的问题，这是知识之用的维度。二是在政治实践中发现政治新知的问题，这是打通政治知识与实践渠道的问题。三是谋求职业并获得预期发展的问题，这是学习政治学专业的职业出路问题。如果说前两者都是好学深思且着意攻读高级学位之辈才会去处理的问题，那么第三点便是所有学习政治学专业的学生必须面对的事情。无疑，政治学专业的学生求职，在当下中国是相当困窘的一件事情。放弃专业是大概率的事情，但这不是政治学专业学生的长期处境。就像哈佛大学这样的学校，之所以设立两个政治学专业教研机构，就是因为一个发达的社会太需要政治学专业人才了。我们坚定相信中国一定会走向发达。因此，政治学专业的春天一定会到来。这里有一个时机问题：如今还没有赶上时机的政治学专业学生，可以做一种长期打算；今后赶上时机的学生，则需要发挥政治学专业知识与技能的作用，为政治发展贡献一己之力。

运用政治学专业知识改善社会现状，是政治学发挥有效社会功用的最佳体现。但政治学的知识谱系很复杂，用哪些知识、如何用一些知识改善社会、改善社会到什么程度，都是一个个严肃的大问题。政治学中的所有知识都有应用于实际的可能。但一个政治学专业的毕业学生，尤其是掌握一定权力的政治学专业毕业生，应用政治学知识时必须慎之又慎。政治学最理想的表达是乌托邦，即以纯粹想象的一个并无实存政治体为衬底的理想政治世界，将其作为改善现实政治的蓝本，就会将政治学知识高悬空中，只求理想、不问现实，因此会造成极大的现实政治悲剧。在世界近现代历史上，出现过很多令人深感后怕的政治理想主义实践，理论上无比高妙，实践上极具诱惑，结果却悲壮无比。一个政治学专业的毕业生，一定要自觉意识到政治乌托邦所具有的极大破坏力。但政治乌托邦常常激起人们，当然也包括政治学专业毕业生的谋道热情，给人一种不计个人利害得失、唯人类伟大目标是求的高尚感。可见，单纯的政治谋道，并不是一件值得尝试的事情。但如果转而将政治学专业知识作为谋食的手段，也是一件令人万分心惊的事情。因为这样会让政治学专业毕业生不计后果地将政治学知识用来粉饰现实、为权力献媚、对权势谄媚。政治学知识的工具化，会让政治学发挥极为糟糕的作用：既使掌权者迷糊，也使进言者丧失专业操守，更会引发政治实践的大大小小灾难。因此，一个政治学专业毕业生在运用所学知识时不能不慎之又慎。

在谋食与谋道之间理解政治学专业，存在另一个角度：那就是在现实条件允许的情况下，政治学专业毕业生谨守政治学基本理论准则，致力在现实主义的引导下改进现实，从而将政治学的理论与政治实践有效结合起来，不凭空追求政治理想，但凭借条件改善政治现状。在政治生活中，政治学专业毕业生也许是各个专业中最能理解人类政治生活根本的一类人。从根本上讲，人类政治生活是可以改善的，但确实是很难到达理想境界的；人类政治生活永远都会存在可改善的缺失，承认这些缺失，不等于容忍政治生活的令人不满，而是需要在渐进的基础上去缓慢改善。一蹴而就地完善政治生活方式，必然是一种悲剧性的政治乌托邦追求。政治学专业知识也可以谋食，即成为一种职业性知识与技能。在发达社会中，政治生活的描述与分析、政策制定与实施的精到分析、比较政治与政策的探究、政治人物及其行为方式的分析，都是政治学专业谋食的方式。用政治学专业知识谋食，是现代社会高度发达的分工与合作局面的体现。就此而言，政治学是可以“当饭吃”的。人们常常认为的政治学专业就业不佳，实际上是一种假象，或者说是政治学还没有获得发挥作用的应有空间的暂时现象。

政治学专业的毕业生要食人间烟火。学习过政治学知识的人群，也需要在现代职业体系中获得其细分的位置。人们心中大致都明白，太过拘守专业知识，这种通常所说的“掉书袋”性格，实际上是对专业知识的曲解。“问渠那得清如许？为有源头活水来。”政治学知识同所有知识一样，需要在实践中获得它的生机与活力。理解政治学的既定知识固然重要，但在实践中刷新政治学知识更为重要。不是说政治学知识就是用来放弃的，那些从古希腊罗马、先秦社会或古印度时期就相沿至今的政治学基本知识，是积久沉淀下来的政治学真知，需要认真领会，它们自会发挥帮助人们理解政治生活的作用；那些在鲜活的政治生活实践中生成的新知，有利于人们理解政治实践的变动不居与灵性特征，让政治学知识保有不断更新的鲜活性。于是，在谋道与谋食之间，政治学专业知识用于实践与超出实践的双重效用，就会呈现在人们面前。处理好两者的关系，需要在以政治学专业知识谋食时不忘政治学之道，在以政治学知识谋道时不忘它必须发挥的穿衣吃饭作用。

读大学，还是要读点政治学，无论是作为第一专业，还是作为辅修专业，或者是兴趣化地选点政治学课程。原因无他，你需要理解社会生活、公共生活与政治生活，它们环绕着你，你不尝试理解它们，它们就会扼住你的命运咽喉；你努力理解它们，它们就会变得温顺可人，帮助你顺畅生活，追求幸福。

08

政治学的永恒主题

周光辉　吉林大学

周光辉

吉林大学行政学院、社会公正与政府治理研究中心、国家治理协同创新中心教授，吉林大学教育教学督导委员会主任。兼任北京大学国家治理研究院研究员、教育部高等学校政治学类专业教学指导委员会副主任委员。主要研究领域：政治学理论、当代中国政治。在《中国社会科学》《政治学研究》等期刊发表学术论文百余篇。主编《政治学原理》教材。

由于生存规律的制约，人类只能以组成群体的方式生活，正如马克思所言，人类社会“是人们交互活动的产物”[①]。因此，对社会化的人类而言，秩序是最基本的价值。有了秩序，人类社会才可能正常地运行。然而，在没有遗传关联的人构成的大规模社会中，秩序不是自然形成的，而是人为构建的结果。政治这样一种治理方式恰恰是为了适应人类群体规模的不断扩大、矛盾冲突的增加对于维系公共生活秩序的需要而产生的。政治学的目标是揭示公共权力运作的方式和规律及其制度变化对个体和群体的影响，并使用这些知识来解决社会失序的问题。作为致力于探索社会的冲突与合作、治国安邦之道的学问，**寻求文明秩序是政治学研究的永恒主题**。

① 《马克思恩格斯选集》第4卷，北京：人民出版社，2012年，第408页。

文明秩序的构成及特征

从政治学角度说，秩序是与混乱相对的一个概念，指人的行为具有一定的可预测性和社会公共生活呈现出一定程度规则性的状态与过程。从状态的角度说，秩序意味着社会成员财产和心理的安全性，人际关系具有常态化的稳定性；从过程的角度说，秩序意味着人的行为具有一定的可预测性，公共生活的运行过程存在着一定程度的连续性，在人与人的行为互动之间形成可靠的规则性。国家作为一种大规模的人类政治共同体，无法仅凭借强制力来建立和维持秩序，只有构建一个凝聚身份认同的象征意义体系，才可能维系一个不单纯依赖强制力而存在的文明秩序。也就是说，政治共同体的秩序构建只有具有了文明的内涵，才可能长期维系。文明的语义尽管随语境的变化而有所不同，但普遍指人类有意识地改造世界的过程中所形成的物质上、文化上的成就及人类行为规范化的状态。

所谓文明秩序，是指人类群体以象征意义体系为纽带凝聚集体认同，通过非正式或正式规范进行调整，并以组织化强制力保障实施的、具有可预期性和稳定性的行为模式。人类文明秩序的构建不是凭空产生的，而是在应对人类群体规模的扩大与维系秩序的困难不断增大的实践中逐渐形成的。对人类社会而言，秩序既是最基本的价值，也是一个难题。维系社会秩序的困难在于：人的偏好是不同的，不同群体之间的利益也不是一致的，具有不同愿望和动机的人们对利益的追求会引发社会冲突，进而导致社会的失序。对于秩序难题，社会人类学家提出了深刻的疑问："人们迥然不同的愿望、目标和动机怎么会与公共安全及秩序的需要相一致，又怎样能符合使得生活正常运转这种要求呢？"[①] 而且随着群体规模的扩大所产生的差异性、复杂性的增加，必然导致治理成本的增加。如何维系社会秩序，防止引发暴力冲突就自然成为具有"现实差异性"的人类所面临的基本问题。因此，

① [美]罗伯特·F.墨菲：《文化与社会人类学引论》，北京：商务印书馆，1991 年，第 175 页。

如何实现“建立在人们的现实差别基础上的人与人的统一”，维系社会秩序就必须满足两个基本条件：一是形成集体认同，二是有效控制暴力的冲突。

在现实差异性基础上形成集体认同客观上需要形成一种“凝聚性结构”。[①]只有形成凝聚性结构才可能将没有遗传关联的大规模群体聚合起来（这一点，政治学家与社会学家所关注的问题是一致的，即社会团结问题），这是建立社会秩序的必要条件。人类社会的集体认同之所以需要一种凝聚性结构，就在于集体认同与个体认同不同，个体认同有可见、可感的身体作为物质载体，集体认同却没有“社会的身体”作为物质载体。因此，集体认同需要构建一种象征意义体系作为认同的对象，即以人为建构的符号来表征的意义体系作为集体认同的对象，从而使社会个体的“我”形成“我们”的同一

① [德]扬·阿斯曼：《文化记忆——早期高级文化中的文字、回忆和政治身份》，北京：北京大学出版社，2015 年，导论第 6 页。

性身份的集体认同和价值理念的认同。[①]从这个意义上讲，这种以符号为表征的意义体系就成为社会的凝聚性结构。凝聚性结构包括一个社会中共享的表征人类信仰、态度、知识和价值理念的符号系统。这种符号系统，一方面可以超越人与人面对面的交流方式，在更大范围的社会群体中，起到常态化沟通、联系和行为规范的作用，特别是其可以内化于社会成员的心理、认知结构中，有助于社会成员之间形成信任和自愿合作；另一方面又可以在时间上跨代际传递，使人类群体的代际连接具有了连续性的媒介。正是由于凝聚性结构具有这种双重功能，才使人类群体具有了社会性和历史性，从而构成了人类社会文明秩序的基石。

凝聚性结构是文明秩序不可或缺的条件，但单纯依靠符号化的象征意义体系这种“软”的行为规范构成的凝聚性结构，不能自动地调节由于利益矛盾引发的社会冲突，更不能

① ［德］扬·阿斯曼：《文化记忆——早期高级文化中的文字、回忆和政治身份》，北京：北京大学出版社，2015 年，第 136 页。

有效应对以暴力手段破坏社会秩序的行为。因此，任何社会赖以存在的内部秩序，除了要以符号化系统形成的凝聚性结构为基础外，还需要某种形式的社会控制来保障，也就是需要依靠“硬”的物理力量，即包含制裁要素在内的强制性力量对社会成员加以约束，有效制止任何个体或群体用暴力手段破坏社会秩序的行为。人类之所以创造出政治这种治理形式，实际上就是通过建立中心化的公共权力机构并以强制力保障实施的组织化治理形式，来保证行为规范的效力，以满足整合人类公共生活内部秩序的需要。恩格斯也正是在这个意义上来理解国家的作用的，“这种力量应当缓和冲突，把冲突保持在‘秩序’的范围以内”①。国家的政治职能在于，社会设立了一个专门的组织化机构来管理和运用强制力量，公共权力（国家权力）作为社会的正式代表，享有行使一种社会公认的强制力量的特许权。在这种文明秩序中，私人之间的暴力侵害行为已不再具有正当性和合法性。除非在特定的情

① 《马克思恩格斯选集》第4卷，北京：人民出版社，2012年，第187页。

境下，为了自身的安全所采取的正当防卫措施，任何个人不得以任何理由对其他受到法律保护的个人实施暴力伤害。公共权力对强制力的垄断的重要意义不仅在于减少暴力事件的频繁发生，在全社会范围内抑制成员之间的相互伤害起到了有效的作用，更重要的是，使得在一定的社会范围内建立统一的行使强制力的程序和标准，从而形成普遍适用的文明秩序成为可能，因为普遍有效的文明秩序，是以统一的行使强制力的公共权力机构的建立为保障的。

凝聚性结构与垄断强制力的公共权力机构的结合形成了人类的文明秩序的两个核心要素，即：社会成员共同承认并接受的行为规范体系和以正统的公共权力为基础的组织化社会治理机制与共同的社会纷争处理机制。文明化的行为规范与强迫性制裁措施的结合深刻地反映了文明秩序内在的深刻矛盾性：行为规范与制裁构成了对立统一体。没有文明化的行为规范，强制力就失去了文明的约束，单靠强制力建立的“秩序”就不会成为社会成员可欲的秩序，也不可能被社会成员所自愿接受，故无法持续；没有组织化的强制力制裁保障，行为规范就会失去效力，因为“徒法不能以自行”。

一般而言，社会成员共同承认并接受的行为规范体系反映了当时人们对于什么是良好的秩序的认识和理解，是文明秩序的价值导向，并内在地规定了秩序的文明性质。秩序的文明化与文明的秩序化是一个内在的统一过程。在这一历史进程中，文明秩序呈现出两个基本特征：人文性和进步性。所谓人文性是指，文明秩序是以人为尺度构建的秩序。人不仅是文明秩序构建的主体，而且构建文明秩序是为了人。人是在创造文明秩序的过程中，成就着人本身。马克思正是在这个意义上说：“任何一种解放都是把人的世界和人的关系还给人自己。”[①] 人文性的实质，表征着人对自己生活世界的意义理解和追求，人的意图和观念在构建文明秩序中起到了方向引领的作用，而观念的变革也成为文明秩序形态变革的先

① 《马克思恩格斯全集》第1卷，北京：人民出版社，1956年，第443页。

导。因此，人文性构成了文明秩序的本质和根本标识。所谓进步性是指，文明秩序不是一种抽象的、固定的状态，而是一种具体的、动态的历史进程。这一进程的进步性表征着人类努力脱离野蛮、蒙昧，抛弃动物世界弱肉强食的丛林法则，致力于人类行为的理性化、规范化和人与人之间关系平等化程度持续提高的历史过程。由于受到文明多样性的客观制约，文明秩序的进步性并不是一个线性的历史进程，而是一个复线性的历史进程。在一定意义上讲，文明的发展程度决定了文明秩序的发展程度。

政治学关于文明秩序的知识生产和意义构建

作为一门面向公共生活并以探寻文明秩序为核心主题的学问，**政治学承载着关于文明秩序的知识生产和意义构建的学术使命**。政治学围绕“文明秩序何以可能”这一核心主题，通过探析文明秩序的历史演进规律，揭示文明秩序的内在原理和运行机制，分析文明秩序的实现条件和推进路径。政治学是**一门具有崇高使命感的学问**，不仅在经世致用意义上关注影响文明秩序的现实问题，而且也表达对应然状态的期许和社会生活理想状态的构思，阐释文明秩序对于人类未来命运的深远意义。

具体而言，作为治国安邦之学，政治学与一个国家的政治文明建设、社会进步密切相关，并在很大程度上影响着政治共同体成员的生活质量。国家的政治文明建设为政治学研究提供深厚的实践基础，政治学通过对文明秩序的探究，进行知识生产和意义构建，为国家政治文明的建设提供学术支持。国家政治文明建设与政治学研究实现良性互动，能够助推一个国家政治文明和社会持续进步。

从政治学发展史的角度看，政治学是从哲学母体中独立出来，又受到科学主义和行为主义思潮深刻影响而逐渐形成的一门社会科学，并内在地具有人文性与科学性的双重属性。

从人文性的角度讲，政治学将人对自己生活世界的意义的理解，对人的价值、命运的关怀和追求作为自身的精神品格，关注人类社会文明秩序的本质和方向问题，始终注重文明秩序的意义构建；从科学性的角度说，政治学聚焦探索社会经验现象的“奥秘”，以实证分析为方法，试图发现和揭示文明秩序的发展、演化规律，通过不断的知识生产，积极拓展人类关于文明秩序认知的边界。政治学在长期的发展进程中，逐渐形成了在研究旨趣、研究方法、研究风格方面有明显差异的政治哲学与政治科学。政治哲学偏重研究政治的基本价值和目的，探讨什么样的文明秩序才是符合道德要求的，什么样的文明秩序才是合理的。政治科学偏重研究一种文明秩序实际上是如何运行的，形成这种文明秩序的原因及其运行的机制是什么。如果说，政治哲学表达了人对社会公共生活意义的思考和对理想生活的向往，致力于对文明秩序的意义构建和价值阐释，那么，政治科学则表达了要探究文明秩序实际的运行状态和求真的渴望，致力于对文明秩序内在规律、运行机制的揭示和知识生产。政治哲学与政治科学并不是对立的，而是密切相关、相互补充的。政治哲学通过文明秩序的价值和意义阐释，为文明秩序的知识生产指明了方向，因为只有在善的观念引导下，知识才能被更好地服务于人类社会。但如果政治哲学所阐释的价值观念和意义，失去了政治科学所贡献的可操作化的知识的支撑，那么，文明秩序的价值和意义构建就只能是一种可能性，无法转变成现实性。从根本上说，政治哲学与政治科学是政治学的两个有机组成部分，有着共同的研究主题和目标。共同的研究主题是为解决文明秩序构建面临的各种难题进行的探索，也就是要回答人类社会“文明秩序何以可能 ”这样一个根本性的问题。共同的目标是：通过将人文价值知识化，拓展人对文明秩序的认知边界，消除愚昧偏见对人的影响，摆脱宿命论和偶然性对人的支配，从而达到文明秩序不断改善的目的。

如同文明秩序是一个动态的发展过程一样，亦不存在一个永恒不变的、普适的关于文明秩序的评价标准，政治学对文明秩序的寻求和认识也具有历史性。政治学对文明秩序的寻求和认识会随着社会发展程度和人类认识水平的改变而改变。人类的实践本性决定了，人是不满足于现状的，人总是有一种变革现状的理想和追求。政治学对文明秩序是否合理的反思，对什么是良好的文明秩序的追问，对理想的文明秩序的阐释，这本身就表现了人类对现实的超越性追求。

09

朝向美好未来的政治传播学

庞金友　中国政法大学

庞金友

中国政法大学政治与公共管理学院院长、二级教授、钱端升讲座教授、博士生导师，国家社科基金重大项目首席专家，国家级重大人才工程入选者兼任中国政治学会副秘书长、中国政治学会青年工作专业委员会副会长、中国政治学会中国政治思想史研究专业委员会常务理事兼副秘书长、北京市政治学行政学会常务理事。主要从事西方政治思想史与政治学理论的教学与研究工作，先后出版专著 3 部、译著 3 部、编著 5 部，发表论文 130 余篇。

为何关注“政治传播”

我的主要研究领域是政治学理论和西方政治思想史。硕士、博士论文分别聚焦于当代西方民主理论、国家与社会关系理论。在写作过程中，我开始论及政治传播的作用与影响，并且尝试从互动与沟通的角度提供解释和说明。

近些年，我开始关注新技术革命对传统政治秩序、政治观念和政治文化的冲击和影响，其中，新兴技术引发的政治传播格局、方式与路径的革命性变迁是我重点思考的议题。随着信息技术的升级、互联网的普及和自媒体平台的发展，信息技术与互联网深度融合、政治主体和经济力量多重互动逐渐成为推动政治结构转型和民主政治发展的重要因素，同时亦是大变局时代的显著特征。一者，公民借助网络渠道和社交平台表达政治诉求，追求政治利益，已是政治生活的常态现象。二者，数字技术在现代政治和公共管理领域开发与应用的速度、广度和深度不断攀升，“基于数据的治理”渐成大势所趋。因此，我结合自己对当代西方民主政治的长期关注，着重考察了信息技术在政治结构转型尤其是西方民主政治运转中的运用与影响，重点探析了以网络平台为媒介的新型民粹主义、媒介话语权的变迁、网络时代的“后真相”政治和身份政治等新兴现象。《政治样态与传播幻象：大变局时代政治传播的五大核心困境》《面对大变局时代的政治传播：革新、议题与趋势》《后真相时代竞争性真相的谱系与策略》等论文均是对上述相关议题的思考。

当代中国政治传播研究的新进展

经过 40 余年的发展，中国的政治传播研究边界越来越清晰，主题越来越鲜明，视野越来越宽广，内容越来越丰富，方法也越来越先进。政治学、传播学、新闻学、公共管理等学科交叉融合愈发深入，不同学科的学者经常跨界围绕网络政治参与、网络群体性事件、政府信息治理、数据治理等共同话题展开探讨。总体来说，中国政治传播研究的重点主要发生了以下变化：

第一，从重点关注以党和政府为主体、自上而下的政治传播结构和过程，转向关注以草根群体为主体、自下而上的政治传播格局和趋势。原本处于政治话语体系外围和边缘地带的普通民众，要么突破传统媒体的垄断，杀入话语权的中心地带，主动发声，积极作为，要么借助自媒体的多中心、去中心甚至无中心倾向，不断成长、壮大，俨然是当代政治传播主体当仁不让的活跃力量。在互联网时代，广大民众理论上的人数优势逐渐转化为现实上的话语优势。虽然现在断言广大民众和自媒体已成功抢占政治话语权的核心地带还为时尚早，但民众与精英共同分享话语权份额，自媒体与传统媒体合力构建媒体格局，已是不争的事实。

第二，从重点关注传统新闻媒体转向着重讨论新兴媒体。

过去的政治传播研究多围绕传统新闻报道、基于传统媒体的精英政治话语展开，但是随着传统媒体的日趋式微和新兴媒体的异军突起，当前中国政治传播研究的重点在关注传统媒体新变化的同时，也开始转向围绕层出不穷的新技术、新媒体以及由此出现的新政治传播方式、话语和影响展开系统探讨。

第三，从聚焦“信息”转向关注“数据”。中国政治传播研究所涉及的学科不再囿于政治学、传播学等社会科学领域，计算机科学、网络工程等学科也开始与之相互交叉融合，数据成为政治传播关注的重点对象。君不见，人类正在大步迈进一个以“互联网+”、大数据、人工智能、云计算为表征的数字狂飙时代。随着数字技术在现代政治和公共管理领域开发与应用的速度、广度和深度不断攀升，基于数据开放、数据治理、数据安全、数字鸿沟、“数字利维坦”、算法规则的研究正在成为中国政治传播研究中的热点议题。

政治传播中的政治、技术与资本

政治传播规则与形式的设定、政治传播危机与困境的产生以及未来政治传播方向和议题的走向都受到政治、技术、资本和传播自身等多种力量的博弈与共谋的影响，具体而言：

首先，互联网技术是各国政治传播发展的重要变量，以互联网为代表的当代信息技术的兴起与普及，直接开启了一个平民参与和传播政治的时代。借助博客、微博和微信，人们开始对涉及自由、平等、公正、法治、权力、权利等公共议题发表意见，表达诉求，施加影响，政府决策、领导风范、社会风气、公民行为等迅速成为饭后谈资、热议话题。互联网独有的信息共享化、权力扁平化、媒体私人化，让初涉网络的网民们迅速成长。政府也越来越依赖信息技术搜集、整理和分析各种信息与数据，以供国家治理和公共服务之用。

其次，宏观的政治生态、政治规则和政治格局以及微观的政治心理和政治行为在根本上形塑政治传播形态，统摄政治传播功能和效用的发挥。一旦当代人习以为常的政治心理、政治行为面临挑战，司空见惯的政治制度、政治规则面临冲击，熟视无睹的政治环境乃至整个政治生态面临改变，新的政治力量崛起，新的政治关系出现，新的政治矛盾浮出水面，政治传播中的主体意识、受众心理，相关议题和具体运作，以及政治传播展开的场域与背景都将受其影响甚至主导。

再次，经济与资本力量在政治传播中扮演越来越重要的角色，这一点突出体现在数字巨头对政治传播的隐性控制上。在新技术革命的推动下，同时掌握资本和技术的数字巨头迅速崛起，对传统权力形成挑战。随着政治话语权由大众化转向集中化和平台化，数字巨头逐渐掌握议程设置的主动权。通过动员选民投票、革新信息推送、控制个人情绪、智能精准投放和锁定微目标，欧美数字巨头具备了操纵民意、左右选举的能力。在社交平台领域，数字巨头对病毒式传播、过滤气泡扩散和蜂群思维泛滥的默许甚至鼓励，致使反智思维和民粹情绪不断蔓延。

最后，传播力量是强大且不断发展的。近代以来的政治话语在精英的诠释、争持与论战中变迁发展，相应地，民众思想的启蒙也以传统媒体为中心向外围放射、拓展和传播。自媒体时代的到来改变了政治话语的传播结构，原本扮演从属角色、默默无闻的民众开始在互联网上扮演起主角，拥有了更多的发声渠道和更强的传播机会。官员、专家和富豪们相比普通网民似乎拥有更多的资源、更大的影响力和更多的话语权，但在网络上却成为某种意义上的弱者，需要不断地调查民意、追寻民意和回应民意。知识分子还在一如既往地发言，却被淹没在迅猛涌起的民意与舆论之中。

在现实生活中，以上各种力量在博弈和配合中重叠激荡，共同作用于政治传播的背景、形态与效能，使其呈现出特定形态，凸显为特定议题，发挥出特定效果，面临着特定机遇。

政治传播与西方民主困境

西方民主危机和治理困境的产生是由多方面因素造成的。其中，伴随“互联网 +”、大数据、云计算和人工智能等新兴技术的出现，政治信息的传播方式、媒体格局和话语结构所发生的革命性变革是破解民主危机和治理困境的重要助推器。

其一，政治传播主体趋于多元化。这意味着**媒体守门人角色业已消失，人人都是海量信息的拥有者、传播者和阐释者**，传统机构、自媒体、普通民众开始共享话语权，政治精英与普通民众的力量对比发生扭转。由此，政治的多极化、碎片化、部落化趋势增强，久而久之，当政治精英的个人形象、媒体平台的公信力不断消解时，政治信任危机将不断加剧，民粹主义也将大行其道；同时，个人表达空间和能力的增强推动了现代个人主义持续生长，继而个人获得越来越大的发展空间、越来越多的表达权利和越来越强的诉求愿望，这也促使主观真相自然疯狂增长。

其二，政治传播环境相对自由化，使得竞争性真相和认知偏见拥有充足的衍生空间。广泛普及的社交平台、无处不在的移动网络给现代人提供了一个高度便捷又极度危险的政治环境：一边是轻松获取政治信息，自由寻找政治社群；一边却是不断放大认知偏见，不断强化极端立场。互联网为气质相仿、立场相近、偏好相同的人群提供了畅通的交流和沟通的平台，为巩固已有立场、情感和态度提供了更多的机会，也为强化极端群体的封闭性、激进性和极端性提供了更多的可能。

其三，政治传播内容不确定性的增强进一步促进“后真相”的发展。前真相时代，话语权掌握在教会、政府、精英、传统媒体手中，信息的确定性较强；在信息技术的加持下，片面真相、主观真相、人造真相和未知真相等竞争性真相分分秒秒都在被创造和被传播。政治传播内容不确定性的增强，包括重立场、轻事实，重观点、轻真相，感性替代理性这些倾向导致其过程和效果难以预测，难以评估。

其四，政治传播技术和媒介的升级换代深度影响个体对信息的接收和理解，数字威权和技术专制的趋势日渐成熟。在以“互联网 +”、大数据和智能算法为特征的数字时代，科技巨头公司或者政治组织借助数量繁多的社交平台和信息产品可以轻松获取公众的信息，系统评估公众的偏好，然后有选择、有计划地将分析、筛选和处理过的数据信息推送给个人。普通大众则生活在信息链条的终端，是这些智能推送信息的被动接收者。他们虽然貌似生活在无所不知、无所不晓的信息世界，实际上却被封闭在狭窄的信息茧房中，既无法选择更无从验证，无时无刻不被自己固有的偏好洗刷，被他人推送的信息左右，被不知真伪的海量数据裹挟。

其五，政治传播风格和策略的激进化。当代政治传播呈现出一幅令人不安的场景：激烈的言辞，暴力的话语，极具煽动性的修辞表达，积极引导的舆论走势，刻意营造的情绪氛围。这早已与传统媒体人崇尚的中性立场和客观站位相去甚远。这一变化导致民众深陷情绪的泥潭之中，往往为情感左右，被情绪牵制，无视事实真假，呈现明显的贬低理性、轻视智识、只相信自己认为对的事情的反智主义状态，更加容易诱发偏见和敌意。

伴随市场经济的日益拓展、全球化进程的逐渐深入、信息技术的革命性升级，当今世界进入一个多维、立体、全方位的大变局时代。要在当下大变局时代真正以政治传播之力应对民主危机，推动民主发展，至关重要的是做到“保持对话”。社会的进步、文化的繁荣、个性的生长，往往取决于对话辩论，取决于协同共享，亦取决于互动合作。只有对话才能够了解真相，达成共识，维持平衡。同时，政府还要在对话民众的基础上积极采取行动，精准回应民众诉求，提升决策和服务水平。

大变局时代政治传播的核心议题

当今世界正处于百年未有之大变局。这是一场涵盖政治、经济、文化、观念、技术的全方位、多维度、深层次的结构性变革。这场变革不仅冲击、挑战甚至部分瓦解了既有的政治格局，也在一定程度上激发、催生乃至重构出新型的政治样态。其中以极化政治、后真相政治、数字政治、视觉政治、AI 政治的迅速崛起最具代表性。时代规定政治，政治统摄传播，传播映射时代。这些新兴政治样态改变了传统政治传播的内容和形式，挑战了以往政治传播的路径和规则，引发了当前政治传播的困境和危机，也预设了未来政治传播的方向和议题，不仅成为当前政治传播必须面对的核心困境，也是面向未来的政治传播避无可避的关键议题。

因此，及时关注极化政治、后真相政治、数字政治、视觉政治、AI 政治中的政治传播现象，考察这些结构性的政治变革对政治传播内容、形式、路径与风格的影响，分析政治传播对当前政治变革的推动或阻碍于当下就显得至关重要。同时，值得强调的是，要在关注前沿现象的基础上，深入挖掘与探讨前沿现象背后蕴含的政治传播的重大和基础问题，只有参与对重大问题的讨论才能真正推动中国政治传播研究的发展。

如何从“政治传播研究”到“政治传播学”

政治传播研究是政治学、新闻传播学、公共管理学等多学科相互交融的研究领域，随着信息技术的不断升级和政治传播研究的深入发展，计算科学、心理学等更多学科也与之相互交叉。可以说，其一，政治传播领域一直是一个充满生机活力的研究领域，经典的政治、传播问题和前沿、热点的现象都能够从政治传播的视角予以讨论；其二，政治学、新闻传播学仍然是政治传播领域中两大主力学科，这两大学科的学者常常就同一问题展开讨论，其他学科多是作为背景、视野或者方法被运用其中；其三，由于学科背景差异，不同学科的学者所关心和讨论的问题虽有所重合，但是其所运用的基本概念、借助的理论范式、采取的研究方法、形成的研究风格仍有明显区别，有待进一步深入融合。

从目前的基础来看，推动政治传播从“研究领域”向“学科”的转型和跨越，需要注意以下几点：

首先，要进一步展开对政治传播基本概念、基础理论和研究方法的提炼和挖掘。一个学科之所以成为学科，是因为其具有独特的、有别于其他学科的概念体系、理论范式和研究方法，而无须依附于某个学科、借助其他学科的概念和理论展开研究。

其次，要进一步增强政治传播学对当代中国重大理论和现实问题的回应性、解释力和前瞻度。新时代的政治传播学既不是现代政治在传播领域的技术性应用，也不是当前新闻传播的政治性解析，而是要形成对中国特色社会主义、中国式现代化、国家治理现代化、全过程人民民主、国际政治传播等重大理论和实践问题的独特阐释和系统分析。和其他学科相比，要做到人无我有、人有我全、人全我新。

再次，要进一步加强政治传播学的师资队伍建设。师资队伍是学科发展的龙头。实力雄厚、结构优良、视野开阔、积极进取的教研团队是一个学科发展壮大的核心力量。近些年，以清华大学、中国传媒大学、中国政法大学等为代表的高校培养了一大批具备多种学科基础、掌握大数据等现代技术且以政治传播研究为专长的优秀学生，这就为中国政治传播学科的师资储备奠定了坚实基础。

最后，要进一步加大学科平台和学科阵地建设的力度。例如，中国传媒大学的荆学民教授率领他的团队通过举办两年一次的中国政治传播论坛，创办《中国政治传播研究》学术期刊，有力地推动了政治传播学学科的交流和互动，促进了学科特色的凝练和学科成果的传播。中国社会科学院大学的何晶教授也连续策划了多届政治传播与社会发展论坛。这些都是中国政治传播学学科平台和学科阵地建设的重要探索和标杆典范。

很幸运生活在一个机遇与挑战并存、不稳定性和不确定性弥漫的大变局时代。置身这样的时代，每个人都是观察者、见证者和参与者。可以**用自己的眼光去丈量，用自己的思考去剖析，用自己的文字去书写**。愿越来越多的年轻人投身以中国式现代化全面推进强国建设、民族复兴伟业的时代大潮，加入当代中国政治传播研究的大队伍中来！

10

计算的政治与政治的计算

孟天广 清华大学

孟天广

清华大学社会科学学院党委书记、政治学系长聘教授，主要研究领域为中国政治与国家治理、信息政治与数字治理、计算社会科学等。兼任教育部哲学社会科学实验室——清华大学计算社会科学与国家治理实验室副主任、中国政治学会青年工作专业委员会副会长等。入选国家级人才计划特聘教授（2023）、国家级人才计划青年学者项目（2019）、北京市卓越青年科学家计划（2024）等，担任国家社科基金重大项目首席专家，在 *Comparative Political Studies*、*Governance*、《政治学研究》等国内外知名期刊发表中英文论文 100 余篇，出版《过程导向的国家治理》等著作 4 部，多次获得国内外学术奖项。

数字国家的兴起

在人类政治文明的重大进程中，科技革命作为生产力飞跃的动力始终发挥着驱动国家治理体系变革的基础性作用。从这个意义上讲，第四次工业革命正在驱动一场全球范围内的治理革命，数字智能技术与国家治理实践日益实现深度融合与互嵌重构，通过赋能国家和赋权社会双重机制深刻影响国家治理，推进数字国家的兴起。数字国家（国家治理数字化转型）展现了“科技革命”和“治理革命”相碰撞而推进政治理论范式创新的时代机遇，一方面深刻地影响着国家形态、国家结构、国家－社会关系等经典政治现象的演变，另一方面推进着数字治理、数字民主、数字科层制等新生政治现象的萌生。

尽管第四次工业革命在全球范围内带来治理革命，但尚未形成系统化理论范式以厘清国家治理数字化转型的逻辑、动力与机制。这为全球政治学科发展提出了全新的理论命题和知识需求，要求学界解释、分析乃至预测政治文明的未来形态，进而形成数字时代人类过美好政治生活的思想、理论和知识体系。计算政治学（computational political science）的兴起呈现了政治学科对国家治理数字化转型这一重大理论与实践命题的参与式观察和学理性回应。概言之，计算政治学的兴起呈现了学术共同体对数字智能时代政治学知识生产的学术自觉，涵盖了政治学在本体论、认识论和方法论三个维度上的认识深化和知识生产过程。

计算的政治

虽然计算政治学方兴未艾，“计算的政治”却源远流长。早期国家实践就已经出现了各式各样的“数目字管理”现象。无论是在东方还是西方早期国家实践中，人口登记、田亩登记等信息汲取是广泛存在的国家实践。[①] 我国早在商周时期就形成了人口登记制度，譬如甲骨文中就记载了“登人”制度，即“以征集兵丁、组建军队为目的的人口调查登记”。《周礼》也阐明了“以土均之法辨五物九等，制天下之地征，以作民职，以令地贡，以敛财赋，以均齐天下之政”的计算思想，将财产认证与土地紧密相连，依据土地的产出和土地质量来征收赋税。[②] 秦汉以降则形成了较为成熟的国家统计体系，譬如“编户齐民”等人口登记制度和“度田”等田亩登记制度。

在这个脉络上，西方早在古罗马时期就开启了“人口普查”（census），定期收集帝国辖区居民的族群身份、人口规模、家庭财产等信息以征税或征兵。英文“统计”（statistics）一词源自德语“Statistik”，而“Statistik”则源自拉丁语

① 孟天广、郑思尧：《国家治理的信息理论：信息政治学的理论视角》，《政治学研究》2023 年第 6 期，第 117-130 页，第 233-234 页。

② 欧树军：《国家认证的历史逻辑：以中国为例》，《政治与法律评论》2011 年第 1 期，第 211-227 页。

“statista”，意为“国家事务管理者”。无独有偶，柏拉图的《理想国》通过哲学推论和计算模拟来阐述理想城邦的构成及运行，亚里士多德的《政治学》通过比较分析古希腊城邦国家来探究政体类型及其变化规律，这均为计算政治学提供了厚实而持久的理论传统。

在现代国家构建过程中，工业革命促使超大规模现代国家逐渐成形，因此如何在高度复杂且异质性强的超大规模国家中实现有效治理成为国家构建核心命题。现代国家治理中，信息成为国家理解经济社会运行以及国家自身运行的关键要素，因此政府应用数字、地图、图表、指数等治理技术的政治实践层出不穷。[①]尤为重要的是，现代国家普遍设立统计局等专门机构，将原来分散的信息整合起来，建立了无所不在的信息汲取体系。现代国家的信息体系是国家构建的有机构成。韦伯因此论述了上传下达的信息传递体系是现代官僚制

① T. Jordan, *Information Politics: Liberation and Exploitation in the Digital Society*, London: Pluto Press, 2015.

的应有之义，为政府内部实现信息交换、信息传输提供了保障。信息的收集和处理也是现代国家构建的重要任务。福柯就认为，国家汲取信息旨在通过“全景监控”塑造改变社会现实，以对社会成员形成细致入微的管理和监控，进而形成无处不在的潜在规训。[①] 斯科特提出了“可读性”的概念：国家为了有效地从社会中汲取信息，有意忽略人、事、物之间的异质性，而以标准化方式采集和处理信息从而提升其对复杂社会的简化理解。[②]

概言之，早期国家就已借助数字、图册、黄册等计算方法来监测和理解社会，现代国家形成了无处不在的基于“计算”的政治实践，设计出复杂的数目字管理体系，这表明国家治理的“计算传统”源远流长。从这个意义上讲，政治学

① M. Foucault, *Security, Territory, Population: Lectures at the Collège de France, 1977-78,* New York, NY and Basingstoke, Hampshire: Palgrave Macmillan, 2007.

② J. C. Scott, *Against the Grain: A Deep History of the Earliest States*, New Haven: Yale University Press, 2017.

长期具有计算和统计传统。这促使政治学从传统强调哲学和思辨的规范分析转换为基于实证和经验的科学研究，要求政治学成为一门“经验科学”，对政治现象做“系统的、经验的和因果的解释”[①]。

政治的计算

任何科学研究的范式发展都要经过一个相同的历程：前科学—常规科学—危机—革命—新的常规科学—新的危机—新的革命，这个过程循环往复不断进行，推动科学不断进步。[②]社会科学的方法范式在不同科技条件下经历了多次范式转换，经历了宏大理论叙事（规范分析）、比较历史分析（定

① 王沪宁：《西方政治学行为主义学派述评》，《复旦学报（社会科学版）》1985 年第 2 期，第 93-98 页。

② 托马斯·库恩：《科学革命的结构》，金吾伦、胡新和译，北京：北京大学出版社，2003 年。

性分析）、行为主义革命（定量分析），乃至当下日益兴起的计算社会科学（大数据分析）。[①] 二战以来行为主义、理性选择、政治文化等领域兴起，促使问卷调查、定量分析、仿真模拟等定量方法快速迭代。在这一背景下，阿尔克早在 20 世纪 70 年代即提出政治计量学设想，试图运用数学工具建立形式模型以构建政治学理论，进而利用统计方法对政治现象进行量化分析。[②]1987 年，恩纳尔斯提出了“计算政治”概念，提倡利用并行计算来处理社会运行的并行性与复杂协同问题。[③] 可以说，数学、统计和模拟为分析现代国家运行提供了方法工具，奠定了计算政治学的方法论基础。可以说，计算政治学囊括了当代政治学研究的三大范式：定量研究范式、大数据范式和大模型范式。

---

① 张小劲、孟天广：《论计算社会科学的缘起、发展与创新范式》，《理论探索》2017 年第 6 期，第 33-38 页。

② H. R. Alker Jr., “Polimetrics: Its Descriptive Foundations,” in F. Greenstein, N. Polsby ed, *Handbook of Political Science*, 1975, pp.140-210.

③ R. Ennals, “Socially Useful Artificial Intelligence,” *AI & SOCIETY*, Vol. 1, 1987, pp. 5-15.

定量研究范式：理论驱动。进入近现代以来，定量研究已成为政治学研究的重要范式。这一方面源于社会科学实证主义传统的兴起和发展，另一方面源于政治算术这一政治实践的快速扩散。早在17世纪中叶，政治算术（political arithmetick）学派就在英国创立，威廉·配第明确提出要用“数字、重量和尺度的词汇”来描述英国的社会经济状况，标志着现代统计学的诞生。同期在德国形成了“国势学派”，这个学派所使用的“Statistik”一词，即展示了统计活动在国家构建中的重要性。可以说，统计学的发展史一定程度上反映了近现代国家构建过程中日益重要且普遍的数目字管理。基于上述政治实践，定量范式逐渐兴起并成为政治学研究的主流方法范式。哈佛大学加里·金等在其经典著作《社会科学中的研究设计》中阐述了政治学研究的理论驱动和实证研究范式，即广为接受的“假设—建模—检验”范式。[①] 进入数字时代，定量范式不仅没有弱化，反而在计算机技术的辅助下

---

① 加里·金、罗伯特·基欧汉、悉尼·维巴：《社会科学中的研究设计》，陈硕译，上海：格致出版社、上海人民出版社，2014年。

进入新的发展阶段，在数据采集、概念操作化、因果推论等方法技术层面实现了突破式创新。

大数据范式：数据驱动。进入数字时代，图灵奖得主詹姆斯·格雷（James Gray）认为大数据时代促使科学研究超越过去的实验范式、理论范式和模拟范式，正在形成数据密集型科学研究的"第四范式"（the fourth paradigm）。[①] 该范式认为大数据时代的科学研究不再需要预先设定的理论模型或研究假说，而是利用超级计算直接分析海量数据，发现相关关系即可获得新知识，充分呈现了数据驱动范式的兴起。这一范式转换也适用于社会科学，戴维·拉泽（David Lazer）等认为，数字时代来临正在推进计算社会科学兴起，这导致社会科学家将在前所未有的深度和广度上基于数据理解社会运

① Hey, T. (2012). The Fourth Paradigm: Data-Intensive Scientific Discovery. In: Kurbanoğlu, S., Al, U., Erdoğan, P.L., Tonta, Y., Uçak, N. (eds) E-Science and Information Management. IMCW 2012. *Communications in Computer and Information Science*, vol 317. Springer, Berlin, Heidelberg.

行规律和趋势。[①]需要注意的是，尽管数据驱动范式正在兴起，但理论驱动范式并未过时，二者构成政治学研究的“双轮驱动”。

大模型范式：算法驱动。近年来生成式人工智能（GAI）跨越式发展，以 ChatGPT 为代表的大语言模型快速迭代并普及应用。大语言模型的兴起也为政治学研究带来了新方法。大语言模型是具有大量参数和计算资源的机器学习模型，其训练通常依赖海量数据处理能力和高质量预训练数据微调，在超级算力支撑下依赖百万级乃至千万级参数。大模型范式不同于理论驱动和数据驱动范式，而是为政治学研究提供了一个新范式——算法驱动。在算法驱动范式中，研究者利用参数体量大、预训练数据广和算法高度优化的模型，对研究问题所涉及的海量数据进行采集、模拟、挖掘和分析，利用训练好的模型生成数字硅基样本（Homo silicus）以实现对真

① D. Lazer, et al. “Life in the Network: The Coming Age of Computational Social Science,”*Science*. 2009 Feb 6; 323(5915), pp. 721-723.

实社会过程的动态模拟[1]，对政治现象进行推演和预测。从这个意义上讲，大模型范式将使社会科学研究方法实现一次革命性跨越，帮助研究者理解复杂社会系统中广泛存在的变量间非线性关系，显著提升分析和预测社会演化的能力。

计算政治学的起源：当计算的政治邂逅政治的计算

第四次工业革命来临对国家治理发挥着“破坏性创设”效应，治理主体的多元化、治理需求的复杂性和治理技术的不确定性正在驱动国家治理数字化转型，全球范围内掀起一场以数字民主、数字治理、数字监管等为核心的超大规模“社会实验”，这为我们思考数智时代的政治学理论和方法范式提供了实践基础和理论需求。概括起来，计算政治学的兴

① J. J. Horton, “Large Language Models as Simulated Economic Agents: What Can We Learn from Homo Silicus?” *National Bureau of Economic Research*, 2023.

起源于政治学两个传统的遭遇和对话。

一方面，计算政治学传承和发扬了计算的政治传统①，从政治计算的理论构建入手，聚焦国家构建、国家运行、国家治理的计算过程分析，以及统计学、大数据、大模型等计算技术迭代开展前沿研究，推进数智时代政治学理论与方法范式迭代②，譬如近年来信息政治学、数字政治学乃至更为广义的科技政治学的兴起。另一方面，计算政治学极大地促进了"政治的计算"，从政治研究的计算方法入手，是计算科学、数据科学与政治学交叉融合的新兴交叉学科。计算社会科学基于学科交叉视角，将计算科学引入公共治理和政策过程，倡导利用强大算力直接分析海量数据来分析社会运行，乃至开展社会预测。总之，这一视角强调政治学研究利用日益丰

① 李锋、王浦劬：《计算政治学的形成与发展》，《新文科理论与实践》2023 年第 2 期，第 56-67 页。

② 莫莉：《从民意调查到民意计算：西方政治传播中的数字资本》，《国外社会科学》2022 年第 6 期，第 128-139 页，第 199 页。

富的多源异构数据、日益强大的计算能力和快速迭代的算法技术，深入探究数字智能技术对政治过程、政治行为、政治沟通等一系列政治实践的深刻影响。

计算政治学的未来：范式革命的机遇

计算政治学的萌生标志着政治学理论和方法范式的一次重大变革，不仅拓宽了政治学的研究领域，创设了全新的研究议程，还促进了研究方法转换以提升研究科学性，集中呈现了政治学对理解、分析和预测国家治理数字化转型的理论更新和方法迭代。中国作为全球范围内国家治理数字化转型的先发国家，中国政治学科理应积极承担学术责任，基于中国先发实践构建数字时代的政治学理论与方法范式，一方面服务国家治理数字化转型的重大需求，另一方面促进中国政治学对政治学一般理论发展的原创性知识贡献。

计算政治学方兴未艾，其学科体系构建亟待学术共同体争鸣。计算政治学是政治学两大传统的对话与融合，一方面传承和发扬计算的政治传统，从政治计算的理论构建入手，聚焦国家构建、国家运行、国家治理的计算过程开展分析，另一方面基于学科交叉推进政治的计算研究，将计算科学引入国家治理实践，倡导利用大数据、大模型、仿真模拟和计算实验等方法描述、解释和预测政治现象。

计算政治学的兴起呈现了学术共同体对数字智能时代政治学自主知识生产的学术自觉，涵盖了政治学在本体论、认识论和方法论三个维度上的认识深化和知识生产过程，致力于推进政治学理论与方法范式重构。可以说，计算政治学在本体论上聚焦国家治理数字化转型的过程、规律和模式，在认识论上关注互联网、大数据、人工智能等科技革新影响政治过程、政治结构、政治行为的新要素、新机制和新效应，在方法论上综合运用统计学、大数据、大模型等数据科学与计算科学方法探究政治现象背后的相关性和因果性关系。

11

国家治理与时代赋予中国政治学发展重要使命

任　勇　华东政法大学

任 勇

华东政法大学政府管理学院院长、“经天学者”特聘教授、博士生导师，新时代枫桥经验与中国式现代化研究院执行院长。兼任中国政治学会青年工作专业委员会副会长等学术职务，入选教育部国家重大人才工程青年学者等多项国家与省部级人才计划，已在《政治学研究》等权威期刊及CSSCI期刊上发表学术论文百余篇，多篇论文被《新华文摘》等全文转载，出版专著及编著多部，主持完成十余项国家与省部级科研项目，曾获多项省部级科研与教学优秀成果奖。主要从事国家治理、政府治理与基层治理等领域研究。

每年我们都会与本科新生进行交流，他们经常会问“学政治学有什么用”“学政治学今后会做什么”之类的问题。其实很多年前，这个问题也曾经困惑过我，我也希望从经典著作、学术文献、现实关怀等多个路径来寻找答案。经过这些年的学习与研究，如同百年未有之大变局一样，中国政治学也在不断发生变化，涉及的研究主题、研究方法、研究领域、研究队伍、学科建设皆是如此。但有一点是不变的，即中国政治学发展始终与国家社会发展紧密联系在一起，与时代同频共振。时代变化迫切需要中国政治学能够提供有效理论支撑和智力支持，正是这个快速发展的时代使得中国政治学焕发出强大的生命力。对此，我在从事国家治理研究过程中有深刻的理解和认识，更能感受到学习政治学的价值和意义。

一

最初做政治学研究，更多是根据自己的学术兴趣选择议题，但在这个过程中不由自主地就会涉及中国治理研究的多个侧面，诸如国家自主性、软治理、政府竞争、认同序列等等，并将它们与国家治理联系起来，但有时也容易呈现出碎片化的状态。在研究过程中，我发现有一个亟须解决的问题，即这些研究如何能够更好地与中国现实实践有效结合？当前，中国的经济社会发展速度非常快，在调研过程中也发现大量需要理论回答的问题，但它们中有很多都没有得到很好的回答。由于研究需要，我曾经比较系统地对治理理论进行了梳理。在梳理之后逐渐发现治理研究中的学术概念和现实运用存在着一些混乱和模糊之处。尽管在国家治理体系和治理能力现代化的重大命题提出后，大量的学术研究都对治理领域中的问题进行了讨论，但无论从国外理论来源，还是从政策文本来源，以及现实实践来看，学界对中国国家治理概念的理解与使用依旧处于比较杂乱的状态，但党和国家已经将国家治理放在重要位置，这就迫切需要政治学学者对此进行深入研究。

在这个过程中，由于工作关系，我也有幸实地参与并深入观察了长三角地区的治理变革过程。长三角地区作为中国经济社会发展最为迅速的区域之一，其蕴含的管理体制和治理结构都在发生急剧变化，而这些都为我们更加深入治理理论研究提供了丰富而多彩的实践注脚。比如，我们的研究团队在深度参与该区域部分地区的行政体制改革的基础上，发现我国治理研究存在大量“只做不说”的现象。“只做不说”的意思是现实中已经存在许多新的治理实践，虽然学界已经有了很多非常精彩的研究，但是总体而言，还在很多方面，尤其是在政治学研究领域，并没有将其背后蕴含的原理和规律有效地揭示出来，出现了治理实践领先治理理论发展的情形。所以在有的场合，我说过我们学界的学术供给能力还是有些不足的，这种情况就可能制约学科的发展和进步，这些问题也不断促使我们思考一些重要的基础性理论命题是否有可能得到拓展。其实当前关于建构自主知识体系的探讨就一定程度上反映了这个现象，**时代发展迫切需要政治学做出更大的理论贡献**，其中国家治理领域是目前最有潜力的研究领域之一。我们和一些学界同行正在结合中国全面深化改革和治国理政的新实践，共同围绕国家治理的学理化体系化进行研究，希望未来能够顺利推出我们的学术成果并得到大家的积极回应。

根据我们的研究，在这个过程中，中国的治理研究经历了从国外引介到本土化探索的发展过程，其形成与发展始终是与中国国家制度变迁和社会转型结合在一起的，在以下方面需要进一步关注。其一，党的领导。关于党的领导实际上存在许多理论研究空白，因为党的领导往往是比较具象的，需要在具体的实践情形中加以考察。举例来说，我承担的一个国家社科基金项目围绕党的领导和社区的公共安全治理展开研究。在社区进行调研过程中，我们发现党的领导通过组织重组、情感嵌入、制度建设等多种手段来保证治理单元内的治理有序性和有效性。党的二十届三中全会也围绕深化党的建设制度改革提出了许多具体措施，值得我们关注和研究。其二，治理的有效性是研究中国国家治理的一个非常重要的方面。治理的有效性体现在多个方面，并且在实践中表现出很强烈的惯性。因此，我们会发现实践中出现了很多教科书中较少涉及甚至没有涉及，但实践中却广泛存在并十分有效的内容。比如说，有关行政区划单位的设置，我国实践中出现了区镇合一、区政合一等多种基层行政管理体制，单纯依靠西方政治学理论是比较难以解释的，但这个做法在地方治理实践中是有效的，这种有效性的实践对于推动经济社会发展具有非常重要的意义。其三，中国的治理具有较强历史延续性。我们在推进新时代“枫桥经验”的研究过程中就发现其中蕴含着社会主义治理传统的历史性延续，以及传统治理资源的现代性转化。其四，中国在治理方面的学习能力较强。在这个方面，政策扩散与政策学习领域的相关研究也印证了这个观点。以上关于这些中国治理特色的研究发现，在我们目前从事的政治学与公共管理学自主知识体系的系列研究中正在得以逐步呈现。从以上研究发现来看，其实能够一定程度上回答“学政治学有什么用”的疑惑。

二

从中国国家治理研究的过程来看，以往学界已经围绕国家、社会、市场等国家治理的不同面向进行了深入研究并形成了相应理论范式。但从整体来看，这些研究往往从国家治理的某一侧面进行探讨，更多关注国家理论、政党理论、治理理论等相关领域的引介或改造，一定程度上缺乏对中国治理中丰富实践的体系化关注和学理性阐述，而新时代中国共产党推进国家治理体系和治理能力现代化的理论和实践成果，为国家治理理论研究指明了新方向，提供了丰富的研究对象，也提出了许多独特的、可成为创新原点的问题，反过来又拓展了政治学原有研究内容。首先，明确了中国国家治理体系是在中国的社会土壤中生长起来的，是经过革命、建设、改革长期实践形成的，是马克思主义基本原理同中国具体实际相结合、同中华优秀传统文化相结合的产物，具有深厚历史底蕴和强烈现实关怀，确立了中国特色社会主义制度同国家治理体系和治理能力现代化总体目标和内在逻辑的关系，强调了坚持和加强党的全面领导是最根本保证并应该贯穿始终。其次，在推进国家治理现代化过程中，重视为国家长治久安提供一整套更完备、更稳定、更管用的制度体系。因此，中国国家治理从自身特点出发聚焦于坚持和完善支撑中国特色社会主义制度的根本制度、基本制度、重要制度，并提出未来在各方面制度更加成熟更加定型基础上实现中国特色社会主义制度更加巩固、优越性充分体现的总体目标。最后，重视国家治理的基本实现方式。全面依法治国是国家治理的一场深刻革命，只有坚持全面依法治国才能保证国家治理体系的系统性、规范性、协调性、稳定性，同时注重发挥道德的教化作用，推动法律和道德协同发力，共同发挥法治和德治在治理国家中的作用。从实践中看，从党的十八届三中全会开始，党的历次中央全会都将国家治理作为重要内容，因此围绕中国共产党领导的治国理政新实践开展系统研究就成为当前创新发展国家治理理论的应有之义，并形成了新时代中国国家治理理论研究实践性增强、整体性拓展、自主性提升的基本特点。

就国家治理研究的实践性而言，对于社会科学研究者来说，最忌讳理论与实践脱节。中国共产党在推进国家治理现代化过程中，既注重顶层设计，也十分注重试点先行的方法，善于从基层提炼经验。这种注重实践的导向，引导研究者把目光聚焦于新时代国家治理现代化进程中丰富多彩的实践场景，并提供了越来越多的具有中国特色的经验素材和研究议题，诸如找到了自我革命这一跳出治乱兴衰历史周期率的第二个答案、完成了人类历史上规模最大的脱贫攻坚、创造了世所罕见的经济快速发展奇迹和社会长期稳定奇迹并进一步延续，等等。这些事关国家治理研究的重大鲜活场景和议题正在引领学界开展相关研究，一些内容已深入国家治理体系内部，分别从国家与社会、政府与市场、中央与地方等多个维度形成具有理论特征的标识性概念和学术建构。相应地，学界研究成果通过各种方式为国家治理现代化实践注入了知识支撑和理论基因，促进了国家治理话语体系的变迁，推动了治理机制的创新，诸如全过程人民民主、新时代“枫桥经验”、地方治理改革创新，等等。在一定意义上，**国家治理研**

究已经突破原有常见理论实践二分的窠臼，**正在成为当前中国政治学发展中最为活跃的领域之一**。

就国家治理研究的整体性而言。**大国治理有大国的特点**。中国共产党从整体层面谋划推进治理现代化，不零敲碎打调整，不碎片化修补，推动国家治理体系和治理能力现代化形成总体效应、取得总体效果。中国的国家治理实践不是单就某一个方面展开，而是系统性和总体性全面推进。来自实践的国家治理整体性促使学界已生成相对完整的国家治理知识体系框架，从其实践和知识来源看，我国今天的国家治理体系，是在我国历史传承、文化传统、经济社会发展的基础上长期发展、渐进改进、内生性演化的结果。全面深化改革伊始，我们党就统筹推进国家治理体系和治理能力现代化，除了政治学研究中常见的国家理论、治理理论以外，马克思主义国家理论基本原理以及中华文明的民本思想、天下共治理念、“共和”“商量”的施政传统、“兼容并包、求同存异”的政治智慧等现代性转化，都被融入当前国家治理研究当中并对照具体实践，使得中国国家治理研究更加真实、立体和全面。具体而言，无论是从国家治理研究的主体维度还是空间维度来看皆是如此，前者已涵盖了党的领导、政府治理、社会治理、市场治理等维度，后者已囊括了城市治理、乡村治理、边疆治理、全球治理等维度。可以说，经过十余年的发展，中国国家治理研究的四梁八柱已经确立，中国治理实践的系统性促使学术界改变以往碎片化的研究倾向，努力生成相对完整的治理知识体系，在延展了国家治理研究整体性基础上提升了政治学的研究品质。

就国家治理研究的自主性而言。从发展过程来看，中国的国家治理研究经历了基础性知识引介、建构性知识增长、集成性知识生成的不同阶段。在当前国家治理研究当中，从不同知识来源生产出的基础性、建构性和集成性知识类型同步得以夯实并相互促进支撑，推动了国家治理知识生产的自主性形态凸显，初步形成了国家治理研究的理论自觉。在国家治理基础性知识方面表现最为明显的是新时代党的建设研究被充实到原有的政党、国家与政府知识体系当中，全面从严治党成为解释中国国家治理活力的重要视角之一。国家治理建构性知识基于国家治理新实践而生成，诸如围绕改革开放以来最大规模党和国家机构改革推动机构职能优化协同高效实践建构了政府职责研究、围绕以“高效办成一件事”为内容的政务服务改革推动了政府效能研究，等等。与前两者相比，国家治理集成性知识更加体现这一领域研究自主性的特征，因为它综合了基础性知识和建构性知识并以中国治理内在规范方法逻辑来进行演绎、归纳、提炼和总结，其中人民城市研究最为典型，人民城市超越以往以资本为中心的城市治理，以中国方式回应了城市治理中的根本命题。人人参与、人人负责、人人奉献、人人共享的城市治理共同体战略目标既充分体现了国家治理的中国特色社会主义性质，又将城市治理的研究向纵深推进。因此，随着国家治理研究自主性增强以及不同知识类型间互动复合，**构建中国国家治理自主知识体系就成为必然选择**。

三

虽然国家治理研究已经成为政治学研究中最有潜力的领域，但是从当今时代快速发展来看，政治学对国家治理提供的知识供给和学术支撑还是严重不足的，而这些正是政治学能够充分发挥作用的领域，具体可以体现为以下内容。首先是需要关注中国式现代化与国家治理的关系。进一步全面深化改革、推进中国式现代化是当前和今后一个时期的重要任务，因此，要推进国家治理研究创新发展就必须紧扣中国式现代化的历史演进、基本特征和本质要求，结合数字时代的新变化分门别类地将其纳入国家治理研究的全过程全周期全链条。具体而言，可以从创造人类文明新形态的高度，围绕增强全面深化改革的系统性、整体性、协同性的总要求，突出深描数字中国建设在数字时代作为推进中国式现代化的重要引擎的内容，来进一步丰富国家治理研究的整体框架。由于推进中国式现代化是一项系统工程，与世界其他各国治理实践相比，将其中蕴含的中国特色变为成功实践，把鲜明特色变成独特优势需要付出较长时间的努力，这就为深入研究中国特色的国家治理提供了不可多得的理论场景。从国家治理研究的普遍规律和中国特色来看，我们可以重点从经济和社会、政府和市场、效率和公平、活力和秩序、发展和安全等不同重大关系的角度来进行集中理论攻关，包括我们研究团队正在从事的新时代“枫桥经验”研究也是如此，以此争取实现对国家治理研究的学理性突破，从而形成基于中国式现代化的国家治理研究新范式。

其次是需要关注制度建设与国家治理的关系。与西方国家理论或者治理理论不同，中国的国家治理实际上更加侧重于制度安排和制度建设，自古以来逐步形成了一整套包括朝廷制度、郡县制度、土地制度、税赋制度、科举制度、监察制度、军事制度等各方面制度在内的国家制度和国家治理体系。从改革开放一开始，我们在完善国家治理体系中就非常重视发挥领导制度、组织制度的根本性、全局性、稳定性和长期性作用，其后形成了以根本制度、基本制度和重要制度为主要内容的中国特色社会主义国家治理体系。实际上，中国的国家治理与制度建设相互联系、相互支撑，共同构成了中国国家治理研究的一体两面。正是由于制度建设在中国国家治理体系中的特殊性，中国共产党领导下的治国理政的制度建设就应该在国家治理理论研究谱系中处于重要方位，这就改变了传统国家治理研究的内涵外延，更加突出中国特色。随着未来全面深化改革的进一步展开，中国共产党确立了加强顶层设计、总体谋划、破立并举、先立后破的制度建设基本原则，以筑牢根本制度、完善基本制度、创新重要制度构成了制度建设的主线，国家治理研究更需要从理论层面对以上内容进行系统研究。具体可以从事关治国理政的制度生成、制度文化、制度试点推广、制度执行、制度间关系、制度完善等方面进行探讨，引导政治学学界更多围绕制度建设与国家治理开展一体化研究，避免国家治理研究的内容空洞化，实现制度建设研究与国家治理研究的理论融合。

最后是需要关注中华民族现代文明与国家治理的关系。

在推进国家治理体系和治理能力现代化过程中，作为世界唯一的连续不断的文明共同体，中华民族创造和延续了中华优秀传统文化，在形成了传统国家治理经验智慧的同时积淀了灿烂辉煌的中华文明，从而使我国国家治理体系在从传统到现代的连续演化和内生改进中厚植了坚实的精神基础。作出“中国式现代化是中华民族的旧邦新命，必将推动中华文明重焕荣光”这一重大判断，表明我们党对于治国理政的认识更加深入一步。因此，研究国家治理就必须与中华文明相结合，注重中华文明的创造性转化和创新性发展在国家治理研究中的作用和影响。从历史和现实来看，中华文明的连续性、创新性、统一性、包容性、和平性五个突出特性无不与国家治理有着高度的理论关联。正是这些突出特征才使得中国国家治理具有自身区别于其他国家的精神气质与前进方略，相互塑造并内化于中国共产党领导下治国理政的国家治理实践之中。如“以人民为中心”的治国理政实践就充分彰显了“民惟邦本，本固邦宁”的价值追求的现代性转化；将中国特色社会主义制度与礼乐文明有机结合，倡导“礼序乾坤、乐和天地”，构筑起维护党中央权威和集中统一领导的国家治理基本秩序；等等。因此，未来在推进国家治理研究创新发展中必须考虑建设新时代中华文明，将新时代中华文明贯通传统与现代、过去与未来的优势作为中国特色社会主义国家治理理论研究基础之一。一旦我们在理论上实现深度融合，将会从现代化转型发展维度来确认国家治理的精神命脉，增进国家治理的文化认同，为国家治理现代化提供更为丰沛的精神动力，在实现中国精神上独立自主的同时为构建中国国家治理自主知识体系提供不断的思想资源，国家治理研究的原创性和前瞻性也会得到极大增强。

毋庸置疑，当前中国政治学发展中面临许多挑战，但是也同样有诸多机遇。经过改革开放后多年学科发展与学术积累，中国政治学在逐步形成自身特色过程中能够为国家经济社会发展做出重大贡献，而国家治理研究领域无疑是其中非常重要的一部分。从当前来看，国家治理研究中仍存在诸多空白领域亟待我们去研究，而这些将可能会成为中国政治学迎来大发展的助推力之一。以上这些也许能够回答开头所提到的同学们经常会问到的问题，从而更好认识到国家治理在大变革时代中国政治学发展中的作用与地位。

12

桥都坚固，隧道都光明

陈明明　复旦大学

陈明明

复旦大学国际关系与公共事务学院教授、博士生导师，曾任复旦大学政治学系主任、陈树渠比较政治发展研究中心主任。主要研究领域为政治学理论、当代中国政府与政治、比较政党制度、当代中国政治史等。

一

我给学生开过一门课，叫“政治学著作选读”，第一个专题是：“想象中的政治与经验中的政治”，让学生谈谈他们眼中的政治和政治学，学生的回答五花八门，不一而足。有人认为政治是关乎国之命运的严肃事业，有人断言政治是政客的无聊游戏；有人赞美政治是实现人类福祉的崇高活动，有人直斥政治是肮脏的争权夺利；有人同意政治理应是反映多数人需求的大众参与，有人相信政治最终是局限于少数人的精英循环；有人认定政治是传统的男性强者的天然领地，有人调侃政治是后现代女权主义崛起的浪漫之旅。其实，对许多同学而言，这里更多的是想象，并没有多少生活经验的支持，虽然他们填写过选票，参加过集会，发表过意见，出入过社团，观察过社会，接触过政府。我也问过，如果把政治看作一种事业，那么它的“事业单位”是什么呢？多数人提到了国家、政府、政党、利益集团，一些人提到了社区、街道、村庄、公司、学校，也有人提到了办公室、班级、寝室，凡有人群的地方，就有政治，“单位”代表了蕴含其中的政治关系。有一点大家似乎没有分歧：从运行过程或呈现样态来看，政治表现为命令、强制、选举、动员、宣传、协商、交易、游说等一系列行动。

政治的确有不同的面相，善恶好坏，就看你怎么理解了。从中性的表达来说，我认为孙中山关于政治的定义可能是最恰当的：“政就是众人的事，治就是管理，管理众人的事便是政治。”政治的确存在于各个层面，庙堂、江湖、市井、胡同，皆有之，就看你怎么观察。泛政治化的观点颇受批评，但如果坚持中山先生的观点，凡涉众人之事，又怎么能否定办公室、寝室乃至茶肆酒桌上就没有政治？政治表现形式多样，归纳起来无外乎恩威并施、刚柔相济，就看你怎么运用。所以教科书用理论的语言告诉我们：**政治是人类社会生活的基本领域，是人类社会关系的基本形式，政治关系是由参与公共生活的组织和个人构成的政治主体间的关系**。政治是公共决策和价值权威性分配的过程，有特定的目标和手段，目标与人对自身利益的判断相联系，手段与人实现利益可能运用的资源和条件相结合。

人类为什么有政治？经济学的解释很简明：人天然有利益最大化的取向，在经济资源稀缺性的约束下，利益的谋取不能不引出资源配置的问题，资源配置无非市场配置和国家配置两种方式，当谈到市场和国家时，政治岂不就在其中？但这个解释有一个缺陷，即把国家看作政治的前提，事实上，国家是政治演进的产物。人类很长时间都不知国家为何物却已经有了政治的交往存在。相比之下，社会学、人类学的解释可能更切中人类与政治的本相。亚里士多德说“人是天生的政治动物”，这句话揭示了人类与政治的不解之缘。所谓“天生”是指人与生俱来的群体性，而“政治”（polis）在这里意指城邦，人若离开城邦而能生存，非神即兽。因此，天生的政治动物，词源上是指天生的城邦动物。城邦有什么？有等级，有广场，有神庙，有祭祀，有社火，也就是有了不同的关系，人活在城邦之中，也就活在城邦的关系之中。换句话说，人是天生的政治动物，本质上来源于人是天生的社会动物。所以马克思说，人的本质在其现实性上，“是一切社会关系的总和”，生产和劳动的社会性决定了作为社会成员的人不能不具有社交的需求，不能不表现为合作与竞争，公共空间的结构性安排（秩序）由此而起，这就有了所谓的“政治形态”。

离群索居肯定谈不上政治，抱团取暖才是政治发生的根由，在生产工具简陋、生产力极其低下的条件下，只有集体劳动、共同占有、平均分配，方能维持社会群体的生存。于是有了政治文明一说。这个词有双重含义：一是政治演进，二是政治形式。恩格斯讲“国家是文明社会的概括”，他是在摩尔根的意义上把国家的发生看作人类社会经历了蒙昧状态和野蛮状态之后迎来的新的人类生活的社会形式，是伴随着原始公社解体后私有制发展的必然结果，国家提供了秩序，提供了克服风险和不确定性的规则，使得人作为种群有了发展的条件。这是政治文明的要义。但是，这不过是以新的奴役形式（人对人的奴役）替代旧的奴役形式（自然对人的奴役）。政治文明的进程伴随着政治野蛮——压迫、强制、杀戮、专断的统治形式而来，延续了蒙昧时代和野蛮时代的某些特点：大自然的暴虐变成君主的任性，部落之间的战争变成阶级与集团之间的党同伐异，人对自然和强力的无助感变成对统治秩序的匍匐顺从。德瓦尔（Frans de Waal）写过一本书叫《黑猩猩的政治》，里面讲到灵长类动物对稀缺资源（食物、空间、交媾权）的争夺，以及实行的策略（试探、结盟、妥协、欺骗等），政治这种东西甚至可能远比人类更古老。群居生活，以及为了取得在群体中的优越位置而进行的一系列或冲突、争斗或联合、妥协的活动，令人不由想到，马基雅弗利为 16 世纪意大利人提供的一套政治技巧，其实不过是人类童年政治的折射。这也是一开头有同学认为政治丑陋不堪的原因。群居生活尽管有冲突，人类为什么还要凑在一起？很多政治学者都发现，群体可以抵御或克服个体的风险，所以群体生活的底层逻辑是降低风险、降低不确定性。当然，个体的风险也会转移到群体，但群体是一个有结构有规则的共同体，结构和规则成为抵御群体风险的有效屏障，这意味着，群体生活必然是一个公共契约形成的过程。这种缔约不是发生在想象中的思想实验，而是发生在经验中的社会冲突与合作的历史过程。政治文明的形成，由此可以看作人类与风险博弈的过程，它揭示了从野蛮政治到文明政治的发展奥秘，解释了何以君主政治走向共和政治、派阀政治走向政党政治、权力政治走向权利政治的演进机制。

二

从政治文明的演进和政治形式的发展来看，政治可以视为价值、制度和行动的统一。政治学则是对政治价值、政治制度与政治行动三个层面的学理阐述和知识建构。

第一个层面，即政治价值的层面。**政治价值是关于什么是美好的公共生活的追问**。问到极处，无非是两个问题：自由与权威。如果政治离不开群体生活，每个人的生活状态就始终无法回避这两个问题。自由是个体选择的空间，它包括两点，一是免除束缚，二是行为自主。西方人把前者视为“消极自由”，把后者视为“积极自由”，无论消极或积极，自由都被想象为群体生活的动力和创造性的源泉，因此自由是个“好东西”，值得为之斗争和献身。但经验告诉我们，自由是有限度的，没有约束的自由无异于放纵，放纵的尽头就是群体生活的颠覆，我们很熟悉霍布斯讲过的放纵的结局。因此为了群体的安全，自由势必产生自己的对立面，即约束自由的权威。权威的最大功能是什么？是提供秩序，或者说，提供自由意志和自由选择的必要的遵循规则，这种规则在面对原始人的自由时是部落的习俗和禁忌，在面对现代人的自由时是国家的律法和意识形态，因此权威也可能演变为强制、命令和独断。“美好”的公共生活于是获得了“有序”的公共生活的含义。这就造成了现代人的二律背反：自由观念根深蒂固，但自由有时反而成为自由的囚笼，例如，《美国宪法第二修正案》欲确保公民自由而赋予公民持枪权利，现在却使立法者难以采取任何有效措施控制枪支的扩散，人人有枪，这与其说是自由，不如说是“恐怖平衡”。用梁漱溟先生的话说，这个世界的事情多半是“有对”的：美好的公共生活鼓励个性才情的恣意纵横，赞美多元选择的色彩斑斓，有序的公共生活则划出自主意志不可越过的半步雷池，给定自由竞争不可损害的金科玉律。人们经常为自由不懈奋斗，强调个体自由不能被权威所侵犯，又经常为群体安全忧心忡忡，要求权威不能被个体自由所绑架。政治哲学草蛇灰线，伏脉千里，各种著述汗牛充栋，浩如烟海，无非是**在自由和权威之间寻求美好而有序的公共生活的均衡解**。

第二个层面，即政治制度的层面。价值要传承于时、屹立于世，需要转化为制度，也需要有制度来支撑。**政治制度是关于如何组织优良的公共生活的设计**，也就是把自由与权威的价值变成一种生活秩序的建构。各种政治理论，无非是围绕着公共生活的性质、形式和选择所进行的阐释和主张，它们被演化为不同的理论主题，在对象结构上可纳入国家理论、政府理论、公民理论、阶级理论、政党理论等宏观叙事，在分析过程中可细化为选举理论、参与理论、沟通理论、分权制衡理论、革命与发展理论等分支领域。在各种政治理论的视野中，最高的关怀大概是民主与治理的问题。虽然雅典并不是民主的唯一发源地，但它的公民集会、抽签或呼声议决问题、轮流执掌政事的“人民统治”在书写记录中仍然是最有影响的。同时代人并不看好这种民主政体（伯里克利的演说只是一个特例），但其“多数决定”的内核一经抽象出来，便成为后世定义民主的最基本的特征。在现代世界，西方的民主理论把人民转化为选民，通过选举把决策和管理权委托于票决产生的少数精英，保留了“多数”同意的形式，但实际上导向了“少数”统治的实质，当然新的说法叫作“多重少数的统治”。与此相反，另一种民主理论则坚持人民作为一个整体的历史真实和公共的抽象真实，并认为这种历史真实和抽象真实构成了现代国家存在的哲学基础，提出民主的真谛不是人民选择统治者，而是人民作为统治者，民主不仅是“人民同意”，而且是“人民管理”。于是便有了“精英民主理论”与“人民民主理论”争论不休的两大流派，有趣的是，前者自认为是古希腊精神的继承人，却改变或摒弃了民主的古老定义，后者经由马克思对西方政治传统的深刻批判，则成为民主古老定义的捍卫者和实践者。

伴随着现代国家的演变，人们对民主的认识和评价开始引入一个新的尺度——治理。民主之所以必要，在于它能够保障公民对关涉自身利益的公共事务的参与和监督，能够在参与和监督中排除障碍，促成自身福祉的实现，从而达及“善治”的境界。从这个意义上说，和民主经常联系在一起的法治，并不仅仅是指人民如何免除“暴政”、如何给政府这匹“烈马”套上笼头，人们对权力滥用的恐惧使得法治成为一连串说“不”的禁令，只是构成治理的底线，而治理更重要的目标，一定是通过国家、社会和私人部门之间的互动合作来建立表达利益、保障权利和共享成果的秩序。为使政府“不能作恶”而令其变得软弱无能，有违优良公共生活的要求，促使政府恰当履行职责而增进共同福祉，才是善治的题中应有之义。从治理的观点出发，民主的本质既然是大多数人对公共事务的平等参与，就不能把多数参与变成多数对决，更不能听任民主变为竞夺选票、撕裂社会的对抗，而应该使民主成为发展民生福祉、支持优良公共秩序的机制，尤其是在一个人口众多、文化异质、发展不平衡的国家，更应如此。在歧义中发现交集，在差异中寻求团结，在协商中建立共识，蕴含了人们对国家与社会关系、对人类应建构何种公共生活的新的认识。它对当代政治实践的影响，就是"民主与专制的对抗"话语越来越转化为"良治与劣治的竞争"话语。这并不意味着民主理论的退场，**民主仍然是一个令人兴味盎然的问题，但民主化及其实践引发的危机，使得民主背后反映的不同治理模式越来越成为当代政治理论反思和关怀的焦点。**

第三个层面，即政治行动的层面。政治行动是政治人基于风险与利益比较的选择，是政治价值和政治理论的落实，它一般以战略和策略的形式表现出来。战略是对政治全局的整体谋划，根据对政治大趋势的认知和判断而做出孰先孰后、孰轻孰重的具有历史性、结构性和制度性的安排，而策略则侧重于根据形势发展而制定具体的实施方案和行动方式，具有机动性、灵活性和精细化的特点。从理论上说，对风险和收益的评估，在边际上如果收益大于风险，就会有战略的出台与推进，有策略的规避与调整，反之就会落在战略的“等待期”（政治行动的隐伏与观望）。但利益是现实的，风险是评估的，在利益的驱动下，即或预期不明，照样也有战略和策略的冒险犯难。成功了，人们会说这是大智大勇；失败了，人们会说这是自不量力。国际政治中有许多非凡的战略，如二战后的“马歇尔计划”、“核武平衡”、“不结盟运动”和“三个世界理论”，如此等等，现在的政治学教科书已经很少直接讨论战略策略，而是把战略策略转化为公共政策问题。这和国家治理成为决定当代国家衰败与繁荣的关键有关，战略策略强调的是政治主体间的博弈，公共政策关心的是公众要求与政府回应的有效互动。如果说制约战略策略的因素是

“道”、“势”和“术”，那么制约公共政策的因素也非常相似，只不过与之对应的是“原则”、“结构”和“方法”，原则的核心关乎公平与效率的取舍，结构涉及舆论情势中民意与民心的识别，方法表现为短期与长期的规划安排。

戴伊（Thomas R. Dye）这句话很有名：“公共政策就是政府选择做什么或不做什么。”政府的选择和政府的性质相联，谁有权利得到什么，取决于谁有权力控制什么，民主回答了这个问题，但和政府的性质同等重要的是政府的能力和政府的偏好。在诸如能源、环境、教育、卫生、税收、治安等领域，背离公平原则的政策，本质上离苛政不远，苛政会失去合法性，而背离效率原则的政策，则势必沦为庸政，庸政会失去有效性。**一个负责任的政府，永远是在公平与效率之间走钢丝**。至于实践中或偏向公平或偏向效率，很大程度取决于对民意和民心压力的感知与判断。民意和民心是两个难以分辨的概念，简单地说，民意通常表现为趋利避害，感性而多变，国家财政已经捉襟见肘，福利水准却不容降低；民心则具有明辨大是大非的品质，深刻而理性，承平之世能居安思危，大难临头仍众志成城。二者同为众声喧哗利益诉求之大河，一个是随风起浪，风急浪高，一个是静水深流，波澜不惊。因此呼应争取民意以排除政策障碍，解读顺从民心以为新政出台铺路，是决策者审时度势、优化意见世界的结构的一门“功课”。我们可以看到政府的“政策工具箱”里既有短期的应对式的救急秘籍，应情势惠降甘霖，以解生民一时之困顿；也有长期的纲领性的全局规划，专注蓄水养鱼，以谋天下万世之太平。

当然，长期或短期的公共政策也有可能失败，历史上不乏这样的例子：一项经济政策本意是为了创造繁荣，实际上却导致衰退。诺思关于国家/政府的悖论不能不引起人们的深思。于是我们又回到了战略与策略的问题：政治行动者在制定公共政策时，他们的战略思维和策略手段除了受制于风险与收益的判断，要在原则、结构和方法之中进行选择之外，还有没有更重要的一些东西需要详加考量？以产业政策为例，当有形之手强势介入技术发展的时候，看似高瞻远瞩的战略，也有看走眼、压错宝的时候（比如日本的氢燃料电池发展计划）。我们知道，在一个国家因推动现代化并被现代化所加持而变得格外“有能力”的今天，政府的发展战略在复杂的国际政治经济博弈下有时很难作为一个纯粹的技术问题来讨论，技术的驱动力可能不是商业、经济的需求，更多时候可能是政治因素。不过，越是在这种“历史时刻”，“有为的”政府越需重视“有效的”市场和依靠“有机的”社会，越需尊重市场规律、商业规律、技术规律，它们是公共政策减少失误的必要前提，是可持续发展的源泉。在这方面，**政治学是观察、理解政治行动和战略选择的独特窗口**，使我们能够看到行动者的行动逻辑，对大时代的变革保持热情与清醒，进可建言献策，与行动者携手而行，退可著书立说，在书斋里思考和审辨行动者及其行动逻辑的理性边界。

三

政治学作为一门学科在中国不过百年的历史，但作为一种降低群体生活风险、构建有序稳定共同体的经验知识，在中国却源远流长。很多人都注意到，中国是一个讲究政道而不是强调政体的国家，这和西方人的传统政治思维颇为不合，优良的“城邦”不取决于政体的形式，而取决于政道的落实，政道的好坏以治理绩效为衡量。一个疆域辽阔、地理不同、人口众多、族群多样、生态各异的大型复杂社会，民生为第一要务，均衡为秩序之基，治理为万事之首。这是一种以大一统国家的治理为中心的政治学，在价值上，各种不同的政治研究流派，在竞争中最终形成了可用《礼记·礼运》开篇的文字来概括的理想：“大道之行也，天下为公。选贤与能，讲信修睦。”它的核心取向是国泰民安、政通人和、守望相助、大同世界。在理论上，围绕着天人、义利、德法、夷夏、家国、君臣、官民等要素，也形成了以处理大一统共同体内外关系为框架的政治学说，其中封建制与郡县制的观点之争可能最接近西方传统的“政体”讨论，但绝非西方意义上的制度理论。它的战略与策略具有浓厚的治理中心主义色彩，研究主题涵盖了仁、礼、道、法、势、术等范畴，治理方略则包括儒表法里、儒法交用，以礼入法、礼法互构，德主刑辅、德刑并施，刚柔相济、剿抚合用等手段。

近代工业文明进入中国，打破了农业秩序，中断了王朝循环，瓦解了朝贡体系，传统国家的现代化进程打上了民族革命、政治革命和文化革命的烙印，经济基础和社会结构的变化使得原有的以大一统国家的治理为中心的中国近代政治学面临深刻的挑战。就其国家学说的知识结构而言，这种挑战主要来自两个方面，一个是自由主义，一个是马克思主义。自由主义对个体权利与自由选择的优先性预设，表现为在承认民族国家建构合理性的同时，强调政治国家与市民社会的对立，权力多元结构对国家强制力量的控制，有限政府的国家理论成为政治学的主要哲学基础。马克思主义作为西方工业资本主义时代的批判性力量，深刻认识到资本条件下人的异化的经济社会根源，把为个体自由权利的辩护发展为争取阶级解放的学说，把管理资产阶级共同事务的委员会即所谓“现代的国家”视为阶级解放的最大障碍，因此主张通过废除这种国家的政治革命实现社会生产关系的改造，社会共和国成为马克思主义政治学国家理论的基本内核。这两种对立的主义都是外来的或西方的知识资源，都是工业文明的结果，它们和中国近代政治学的本土知识资源存有内在的紧张，也为中国近代政治学的革故鼎新提供了新的知识信息。自由主义的个体本位观和马克思主义的阶级本位观，解构了传统中国的家庭、宗族及其构成的乡土文化共同体；自由主义的分权竞争学说和马克思主义的阶级斗争学说，颠覆了传统中国以王权官僚政治为支撑的“东方专制主义”；自由主义的本体论式的演绎证明法和马克思主义基于经济形态演变的辩证唯物史观，冲刷了传统中国诉诸经验理性的隐喻式的历史启示方法论；自由主义的立宪政府轮替理论和马克思主义的阶级国家革命理论，为传统中国长期关注天命何在、治乱循环、政道恒常的治理思考注入新质。这些都昭示着中国近代政治学研究必然发生具有知识范式转型意义的变化。

这种变化就结果而言是革命性的，就过程而言是调适性的，调适意味着现代与传统的对话与互构。事实上，没有传统支持的现代化多半走不远，传统的渗透力和生命力比人们想象的要强大得多，它作为前人生活经验的积淀，是在一定时空下处理人与自然关系、人与人关系的产物，只要后人面临的处境、问题或生活逻辑没有根本改变，总会枯木重生，或隐或现投射在各种制度创设或变革之中。在这个意义上，传统是一种内在的力量，约束着历史发展的特征和轨迹。如何理解传统，如何对待传统，是认识中国近代发展和中国政治特质的基础，也是当代中国政治学建设必须关注的问题。

历史的中国是多样性的地理、生产方式和生态环境形成的多元民族体系，在政治上演化为解决这种多样性而形成的大一统的中央集权国家。大一统曾被认为是走向现代中国的“负资产”，但是，人们逐渐发现，这种大一统不仅仅是王权官僚统治的法则，更是基于族群生存、抵御风险、和平生活的需要，是各族群历经无数战争和水患灾害自觉选择的结果。尽管每隔一段时间会出现分裂动乱，但中央集权体制始终是中国传统社会的主导形式，这就构成中国政治的统一性的特征，它和另外一个特征，即中国文明的连续性是互为表里、相互支持的。在这种体制下，个体的权利只有适合和满足于族群整体生存的要求才是合理的。其实，在人类政治的早期，集体先于个人的原则都不乏其例，无论是柏拉图还是亚里士多德，都认为城邦共同体先于和高于个人，只有从城邦出发才能认识和确定个人的正义。自由主义的个人权利优先于集体，不过是晚近发展起来的适应市场和资本增值的观念。中国早熟的农业文明很早就洞察到小农经济和小农阶层对一个强有力的统一的国家存在着强烈的依赖，系统发展出集体（族群）权利优先的社会政治伦理。文明形态虽发生了变化，文明内核却一脉相传，不用多说，这种社会政治伦理在今天仍然深刻制约和影响着中国国家制度的安排和政策制定的动机与方式。

走向现代的中国是一个采取和西方现代化不同发展方式的超大国家。现代化在中国，就它的由来而言，不是中国主动选择的结果，而是中国被卷入资本主义全球扩张的潮流中，被迫应对全面危机的产物。唐宋“近世变革论”和明清“资本主义萌芽论”并不能改变这一事实。在西方军事、经济和霸权的挟持下，中国不是不存在走被殖民道路的可能性，像一些邻国那样变成西方发达国家原料产地和商品倾销地，居于产业价值食物链的下端，慢慢发展为一个“依附型现代化”国家。但布施殖民帝国主义的西方人大概不无遗憾地发现，他们面对的是这样一个中国：它有悠久成熟的文明，有曾领先于世界的繁荣强盛的光荣记忆，有规模巨大的疆域和人口，有治理大国的中央集权体制的有效经验，更有一批不甘沦为强权附庸、怀抱复兴理想的民族文化精英。所以中国的现代化最终翻转了其他不发达国家的现代化图谱——它拒绝了自由主义的政治设计，接受了马克思主义的国家学说，清洗了传统的糟粕，继承了民族文化的精华，以革命的方式解决民族独立的问题，以阶级斗争的方式解决社会重组的问题，以政治动员的方式解决工业化资源积累的问题，以统筹兼顾的方式解决地区、城乡、市场发展不平衡的问题，以集权调控的方式解决超大国家的治理问题，由此形成了中国独特的政府主导型的现代化模式。在这里，现代化从历史中走来，传统得以进行创造性的转换，文明在调适性变迁中延续和光大。显然，中国与西方的批判性交往，现实与历史的反思性对话，价值与行动的建设性协调，构成了中国何以如此发展、中国政治进程何以如此呈现的一条主线。

这为中国政治知识和学理资源的革新与建构提供了新的空间。我在一篇文章中提过，讨论当代中国政治学，要注意几点。第一，**中国政治学是文明大国的政治学**。大一统是大国维系的保证，中国政治学需要尊重和继承这份大一统的遗产，研究大一统的理由和机理，在坚持中央集权的基础上探寻以现代的精神改造大一统的路径，维护国家的统一、人民的团结和国内各民族的团结。第二，**中国政治学是继承治理中心主义的政治学**。大型复杂共同体的治理压力是其他体量的共同体不能比拟的，国家治理体系和治理能力的现代化是中国政治学研究的中心内容，也是中国政治学界与国际政治学界平等对话的根本凭恃。国家治理中的政党与国家关系、中央与地方关系、政府与公民关系应是政治学关切的追求善治的基本范畴。第三，**中国政治学是以人民为中心的政治学**。以人民为中心排除了以资本、权力为中心的价值设定，推进人民对公共事务的参与管理，保证人民对权力和公职人员的管控监督，维护人民的利益福祉是中国政治学的出发点和归宿。第四，**中国政治学是因改革开放而获重生的政治学**。注重民生绩效，追求国泰民安，谋划富国强兵之道，实现小康社会理想，无疑使政治学具有强烈的事功色彩。在民族国家的时代，竞逐富强，走进世界中心，是所有国家的梦想。中国政治学既然随改革开放而起，而改革开放是中华民族复兴的必由之路，所以它必然要为改革开放而淬炼义理再造经典。第五，**中国政治学是遵奉马克思主义基本原理的政治学**。唯物史观和唯物辩证法是它认识客观对象的世界观和方法论，革命、生产、科学实验三大实践是它知识增长的动力之源，平等、均衡、公正、有效是它建构制度的价值尺度，自由、尊严和人的解放是它与时代偕行的内在要求，实践的、本土的、科学的、包容差异的学术导向和学术生态是它作为学科安身立命和繁荣发展的基本保证。

在这样的背景下，一切在人类政治史上起过积极作用的思想和知识，都可以为中国政治学的知识重建效力。毋庸讳言，在作为基本实践的治理与建设，作为研究路径的田野与历史，作为学术品质的本土化与国际化等方面，中国政治学相对于其他学科，还比较薄弱，它的理论与知识的普遍化程度尚待提高，但也是最有希望的，因为它关怀的主旨——如何营造和维持优良的公共生活，不仅成为国家治理和社会进步的时代之问，而且成为学科发展和知识动员的巨大鞭策。在一个充满不确定性的世界，谁的知识传统更具开放性和包容性，谁的知识资源积累、知识体系建构更能满足安全、尊严与富足的善治要求，谁的文化、制度和价值就能在人类社会政治的现实和理想的交流竞争中获得更多的优势，发挥更大的作用。中国政治学发展仍然有很长的路要走，所幸坚冰已经打破，航线已经开通，方向已经指明，它应该有这样的自我期许：立足于中国的传统和经验，着眼于民族的复兴和人民的幸福，吸收人类优秀的文化成果，**在建构自主性和原创性的社会科学知识体系的过程中，为人类文明与进步做出较大贡献**。

这里借用土耳其诗人塔朗吉（Cahit Sitki Taranci）的一句诗：

去吧，但愿你一路平安。
桥都坚固，隧道都光明。

13

巨变时代的中国政治学研究议程

杨光斌
中国人民大学

杨光斌

河南省桐柏县人，第十三届、第十四届全国政协委员，中国人民大学国际关系学院院长、教授，澄海全球发展与安全高等研究院院长，教育部长江学者特聘教授。研究领域包括政治学理论与方法、当代中国政治和世界政治。近年来致力于推动历史政治学和世界政治学的研究。代表性专著包括《历史政治学：中国政治学的范式革命》、《世界政治理论》[获教育部第九届高等学校科学研究优秀成果奖（人文社会科学）一等奖]、《中国政治认识论》、《观念的民主与实践的民主》等，代表性教材包括《政治学导论》（已修订至第五版）、《当代中国政治制度导论》（第二版荣获全国优秀教材二等奖）等。

我们学习政治学是从书本知识开始的，一开始就被灌输了很多概念、定律性质的命题。然而，书本知识也是来自不同时代、不同文化的实践智慧，以政治学为代表的社会科学都具有强烈的时代性、国家性和实践品格，失去了时代性－国家性－实践品格的政治学，无论形式上多么精巧，逻辑论证如何缜密，都不是好的政治学。2018 年开启的中美贸易战以及世界秩序的巨变，都意味着美式社会科学需要一场知识革命。

一、社会科学的一般状况：需要一场范式革命

正如沃勒斯坦在《现代世界体系（第四卷）》中所述，伴随着资本主义世界经济体的形成，论述资本主义合理化的社会科学学科政治学、经济学和社会学也一一出现，到第二次世界大战，英国、德国、法国、美国、意大利等五国提供了 90% 以上的社会科学知识产品，而且研究对象也基本上是这

些国家。二战后流行的国际社会科学，更是美国人主导的。那么，“美式社会科学”具有什么内在属性呢？美国人自己指出，战后美国社会科学乃“冷战学”。有些人却不认同，认为它们是“科学”。即使是“科学”，也是一种忽略掉历史过程的终端性叙事，将终端模式理论化。如果走进美国人的历史过程，各种真相让人愕然，比如贸易保护主义理论起源于美国白人对印第安人的事实性种族清洗，不胜枚举。美国企图肢解华为公司的国家行为，也是历史进程中的故事，是明天的“历史”。身处进程之中的我们，自然不能错过这个反思、重建社会科学的千载难逢的机遇。社会科学是一个“大词”，既有社会中心主义的社会科学知识体系，也有国家中心主义的社会科学知识体系，但前者的宰制性地位显而易见，而且美国社会科学的本体论就是自由主义之个人主义假设，贯穿于各学科之中。

以自由民主之政治学为例。政治学乃是关于共同体善业的学问，但在美国却被简化为作为研究范式的“自由主义民主”，即只要实现了法治下的个人权利（主要是财产权）和个人投票的民主，政治生活就万事大吉了。其理论基础是，古典的人民主权概念被置换为选举式民主，所谓选举等于民主，民主等于选举。在改造民主概念的基础上进一步改造合法性概念，将原来的“合法律性”改造为“选举授权才有合法性”，即以选举置换了合法律性。从此，“选举式民主”和基于选举式民主的合法性概念，就变成了评价一个国家政治制度好坏的标准。很多国家因此发生了“民主化转型”，结果又纷纷地因无效治理而出现“民主回潮”，又被美国人冠以“选举式威权主义”（competitive authoritarianism）。即便如此，自由主义民主的优越性对于西方人而言仍深入骨髓。

基于自由主义民主政治学而衍生的国际关系理论，去国家化达到了空前的程度。柏林墙倒塌、苏联解体，是对当时流行的以国家为分析单元的结构现实主义理论的致命性打击，取而代之的国际关系理论，是福山一鸣惊人的“历史终结论”所奠定的自由制度主义理论，将个人主义本体论基础的国际制度视为“自由世界秩序”的“普世价值”。相应地，呼应“历史终结论”的“软实力”“民主和平论”一度成为炙手可热的概念。在这个过程中，全球治理理论诞生了，罗西瑙（James N. Rosenau）等认为可以实现“无政府的治理”，主张的是公民组织的替代性作用。伴随着英国脱欧公投尤其是特朗普上台后的所作所为，这些以自由主义民主为理论基础的各种概念，让人有种恍若隔世的感觉，自由制度主义主张美国以“软实力”而吸纳其他国家，却也被特朗普政府的各种“退群”、践踏国际规则所证伪，美国政府对其“软实力”不再抱有信心。但观念的固执性决定了流行观念并不会随着时代巨变而立刻烟消云散。

但是，实践有自己的时代性逻辑。特朗普政府非法地对待孟晚舟女士进而试图肢解华为公司的行为，根本性地违反了美国社会科学之精神和使命。具体而言，美国政治学之个人权利受到法律的保护，但逮捕孟晚舟完全置法律于不顾；国际关系理论中的现实主义，其实不过是帝国主义世界政治结构中的一个面向的权力政治；经济学所倡导的有效产权之信仰，被特朗普政府踩在脚下，要知道华为公司可是一家典型的民营企业；社会学之“没有政府的治理”假设，特朗普政府更视之为无物；法学之权利主义，在孟晚舟事件上就是一个历史性国际性笑柄。这一切的一切，都意味着美国社会科学的精神与美国政府的治国之道南辕北辙。当理论不能解释现实的时候，理论本身就需要反思与重建。**背离历史、有违传统、对抗现实的研究范式，理应被终结**，急需一场新的“范式革命”取而代之。范式革命既体现在学科建设的新议程上，也体现在新型研究路径的构建上。

二、比较政治学的新议程：从制度比较到治理能力比较

我们已经知道，二战后发展起来的美国比较政治学，先是从 20 世纪 50—70 年代的政治发展研究或现代化研究，转型

到 20 世纪 80 年代以来的民主化研究或转型学研究。起步较晚的中国政治学自然跟着美国政治学的研究议程而研究，在 20 世纪 80 年代以现代化研究为主，90 年代之后开始研究民主转型与民主巩固问题。其实，无论是现代化研究还是民主化研究，都是比较政治制度研究，这是对美国比较政治学的一个总概括。

当然，在现代化研究的浪潮中，又可以划分为两大流派。一是以阿尔蒙德为代表的典型的制度学派，其表现形式就是结构功能主义，认为无论什么类型的国家，只要具备了从美国政治制度中提炼出的 7 大功能以及相应的结构，这个国家的现代化就成功了，这一学科史的最大教条主义之作就是 1960 年出版的《发展中地区的政治》，以结构功能主义范式分析所有不同文化类型的国家和地区。结构功能主义范式在美国流行到 20 世纪 70 年代，其中的大多数学者适时地转型到理性选择主义。可见，制度学派的方法论至上特征显著，或者说方法论就是为了验证某种制度的合理性，这也算是对方法论与政治制度之间关系的一点新认识。二是以巴林顿·摩尔为代表的历史社会学派，意在发掘现代国家是怎么发生的，或者称之为国家建设学派，70 年代后走红的查尔斯·蒂利、伊曼纽尔·沃勒斯坦等一大批学者，都在研究这个主题。相对而言，从历史出发的历史社会学，意识形态色彩相对少些，因此其留下的知识遗产更为丰富，其知识体系所造就的话语体系至今仍然影响着国际社会科学尤其是政治学的基本走向。这两个流派的不同命运给中国政治学的重大启示是，政治学的知识来自历史，源自历史研究的政治理论研究是有历史意义的，当然，投身历史研究的工程更为艰巨；相反，用概念或工具丈量现实的方法论至上的制度学派，其研究成果少有经得起历史考验的，多为昙花一现型。

由于众所周知的原因，到 20 世纪八九十年代，民主的“第三波浪潮”使得上述两大流派合流了，都致力于民主化研究或者说转型学研究，曾经如日中天的历史社会学的大历史研究走向式微，只有极少数学者在苦苦挣扎。民主化研究变成了典型的意识形态推广，致力于国家之“善”的政治学变成了概念修辞学，民主化、国家转型等概念成为政治正确。在民主化研究盛行 30 年后（20 世纪 80 年代到 21 世纪最初十年），终于有美国学者呼唤“转型学的终结”，福山也承认“历史终结论”的终结，其中一个重要原因就是大量国家出现的“无效的民主”。

二战后兴起的比较政治学一开始就是为美国国家战略服务的，因此具有与生俱来的意识形态属性，这是现代化研究和民主化研究的共同之处。现代化研究成为历史，民主化研究或转型学范式也正在式微，那么取而代之的研究议程或研究范式应该是什么呢？笔者曾经主张，比较政治研究应该是“国家建设 - 政治制度 - 公共政策”的三位一体的知识体系，当然研究各有侧重。三者之间的关系是：以人体做比拟，国家建设是整体性的躯体，政治制度是支撑躯体的骨骼，而公共政策则是躯体内流动的血液。这是对流行的以转型学为范式的制度比较的一种反思，力图寻找比较政治研究的新出路。

今天看来，这个反思依然有需要补充之处。比如比较国家建设，事实上不仅是西方历史社会学视野下的战争与国家的诞生的关系。战争所制造的“民族国家”是欧美人的事，因此查尔斯·梯利等开辟了“战争制造国家”研究范式。但是，对于中国而言，战争制造国家发生于两千多年前了，人们更感兴趣的是两千年来这个国家为什么能一以贯之地延续下来。“中华帝国”显然不能以民族主体性即不能以“民族国家”来衡量，因为不同民族的统治者都是“中华帝国”的一个部分，不存在“新清史”所说的满族非中国性的臆想，“新清史”完全是“民族国家”的话术。那么，如果不能用“民族国家”来套中国的国家建设，中国是一个什么样的国家呢？或者说中国性是什么呢？“文教国家”大概是一个好的概括，只要信奉这个儒家之“文教”，不管是什么宗教的人和什么民族的人，都是中国人。这样，“国家建设”在中国语境中的意义就是“文教国家”的传承与延续问题、“文教国家”的当代意义，而非“战争制造国家”。

关于比较政治制度研究，我在《比较政治学：理论与方法》中指出，几乎没有不同制度之间的比较了，都是不同国家如何走向“历史的终结”。因此我主张，不但要研究代议制民主政体，还要把民主集中制政体放在与代议制民主政体同等重要的位置加以比较研究。不但如此，即使做政体比较，也要弄清楚政体的含义到底是什么，不能把竞争性选举当作政体的唯一标准，否则就不能解释为什么转型为竞争性选举制度的国家依然是无效治理甚至国家失败。政治学是用来搞建设的，即实现共同体的善。把共同体组织起来的维度是多方面的，只顾一个维度的政治学肯定不是求治的政治学，或者说达不到“善”之终极目标。

比较公共政策置换为比较国家治理能力更为恰当，这不但是因为政策的制定与执行是治理能力的核心指标，更重要的是治理能力能直接衡量政治制度的效能，即我们常说的制度的优劣需要依靠治理绩效去衡量。我们经常看到的现象是，同样一个政策在不同国家会产生完全不同的效果，政策与效果之间的中介机制就可能是因为治理能力的差异。因此，治理能力不但比公共政策更能揭示政策背后的条件性因素，同时也满足了因果关系的解释。

将比较政治研究的重心从制度研究转移到国家治理能力上来，不但是理论和概念层面的推演，更是大时代的呼唤。2020 年初暴发的全球新冠疫情是对各国治理能力的一次大检验，一个百年不遇的比较研究大案例，因为这是发生在同一个时间段、同一性质的案例，最具可比性，而之前的很多案例比较，牵强附会的成分很大。比如，制度转型之比较，对“制度”本身的理解就存在很大差异，因此同样是选举式民主，有的却被称为“竞争性威权主义”。再比如，反贫困的比较研究显示，事实性拥有土地和不动产的中国农村贫困户，和南亚、南美的贫困户的内涵有很大不同，不同含义上的“贫困”难以比较。但是，新冠疫情的标准是确定的，感染率和死亡率也是确定的，对经济的威胁程度也是确定的，对教学的影响程度也是确定的。面对共同敌人的共同威胁，感染率、死亡率、经济复苏能力、替代线下教学的线上教学的普及率，都是衡量制度效能即治理能力的直观标准。在这些意义上，我们说全球新冠疫情是比较政治学研究的百年不遇的大案例，它将根本性地终结以制度为中心的“转型学”。如果说此前的“转型学的终结”是因为转型国家的乏善可陈而发出的理性声音，那么这次的新冠疫情则直接冲击了被视为历史终点的西方国家的制度自信。当疫情在武汉暴发时，西方主流媒体归之为非自由的制度，而自由民主国家可以高枕无忧。制度优越论背后是“白人优越论”，甚至认为这是黄种人才会染上的病毒，白种人不会被传染。现实无情地打击了西方的制度优越论和种族优越论，不是形式上的制度而是实质性的治理能力决定了不同的结局。

观察发现，不同国家治理能力的根本原因在于社会与国家的合作能力。国家－社会关系是比较政治研究的重要路径，但往往以“二元对立”世界观来服务于比较政治制度研究，强调的是社会独立于乃至于对抗国家的程度，因此属于比较制度分析的一种从属性方法。我在这里所指称的社会与国家合作能力，不但是一种宏观制度，更是文化意义上的深层结构（deep structure），更具体地说是一种社会制度，作为基础性结构的社会制度直接反映在政治制度乃至经济制度上。不管什么政治制度，有国家与社会的合作能力或者合作传统，治理能力就强，相反则弱，甚至会变成无可奈何的“群体免疫”。东亚国家和地区，包括中国大陆和台湾地区、韩国和日本，欧洲的德国，历史上均存在强大的国家与社会的合作传统，这种政治传统被称为“国家统合主义”，德国、日本、韩国的经济制度可以被视为社会资本主义或福利资本主义，中国的社会主义市场经济，都是在强调政治与市场的协调性。相反，英美属于典型的以个人为中心的自由主义传统，其政治制度被称为“社会统合主义”，经济制度被称为“自由资本主义”，强调自由市场的决定性作用。可见，这些异同的根源，都来自作为深层结构或者基础性结构的社会制度。

国家治理能力是一组变量组合，其中关键者包括衡量国家－社会关系的合作能力、政治制度的整合能力以及政治过程中的政策执行力，这一变量组合堪称“国家治理能力的一般理论”，也许可以称为国家治理能力的研究路径或者研究范式。总的发现是，按照这个变量组合去分析，国家治理能力的强弱具有相对性，没有一个国家在所有方面都是强有力的，几乎所有国家的治理能力都面临着程度不同的挑战甚至危机，有学者称之为“治理危机”。

国家治理能力之比较研究一定是抛去各种理论预设的实质性研究，因为各种变量关系都是看得见摸得着的，是实质性结构和实质性结果之比较研究，从结果中归纳出关于国家治理的理论和事关治理的制度设计。比较而言，制度比较更具有形式主义性质，假设一种“好制度”推而广之，以特定制度的几个维度去衡量全世界，因而是一种典型的演绎法研究。比较政治学的演绎法研究根本性地违反了“亚里士多德传统”——政治学的开山鼻祖亚里士多德在比较研究158个城邦国家后归纳出政体类型及其优劣，并深刻地指出一个城邦的优良政体在另一个城邦就可能是坏政体。而从制度比较转型到治理能力之比较，又验证了 50 多年前亨廷顿提出的命题：国家与国家之间的差异，不在于其政府形式，而在于其统治能力。有意思的是，比较政治研究的路径转换自然地影响到国际关系研究的转型升级。

三、国际问题研究的新议程：从国际关系学到世界政治学

在此前的研究中，我们已经呼吁国际关系学转型升级为世界政治学，论证了转型的若干理由和必要性，在此不再赘述。在拙作《世界政治理论》中，我对世界政治学的定义是：基于世界市场形成的政治思潮诱发的政治变迁所塑造的国际关系与世界秩序。

这个定义比较性地给出了国际关系和世界政治的发生学原理。我们知道，国际关系学是基于研究威斯特伐利亚体系而诞生的，这个体系是如何形成的呢？国家之间是战争状态或准战争状态，即依靠战争而改变国家间关系并以此为基础而形成世界秩序。研究这个历史的国际关系学因而以讲究“实力政治”“均势”的现实主义为主要线索。沿着这条历史线索而诞生的现实主义国际关系理论也没错，因为从威斯特伐利亚体系到雅尔塔体系，都是国家间战争的产物。可以认为，国际关系是战争手段这样的外在改变的结果，属于外源性强制性制度变迁。

但是，至少在第二次世界大战之后，虽然战争依然是常见的政治形式，但战争更多的是用来维护既有的世界秩序，很难以战争而建构新秩序，而新秩序的形成更多的是依靠内在改变或内生性制度突变的作用。这就是需要重新书写的世界政治史：第一轮，十月革命根本性改变了已经形成的帝国主义殖民主义世界体系，俄国以改变自己的方式而改变了第一次世界大战的结局并进而改变和重组了世界体系；第二轮，中国革命的成功改变了中国并因此而改变了东亚秩序，与此同时，新兴民族国家的解放运动根本性地瓦解了世界殖民体系；第三轮，中国以改革开放改变自己并动摇了冷战秩序，苏联解体终结了冷战，这对当时流行的国际关系理论是一次大地震；第四轮即当下，中国以自己的规模而改变了冷战结束后美国的单一霸权秩序，而且单极秩序的改变也来自美国国内的认同政治所导致的政治分裂和否决型政治。

上述每一轮国内制度变迁都是由某种政治思潮推动的，可以视为诱致性制度变迁。马克思列宁主义刺激了十月革命，中国革命以及随后的民族独立运动也是由马克思主义和民族主义推动的，推动第三轮变迁的则是全球化中的各种思潮，第四轮变迁则源自认同政治和民族主义。

观念塑造了政治秩序，但研究政治秩序的观念学说却忽视了观念本身的作用，实在是一大缺憾，建构主义国际关系理论显然不是在讨论这些推动世界政治变迁的政治思潮诸如社会主义运动和民族解放运动，重视观念与外交政策关系的基欧汉等人也只是局限于观念对于个案性政策的影响，而没有宏观历史的世界秩序视野。

理论总是滞后于时代，对于已经发生的如此巨大的变化，国际关系学不能停留在“旧历史”塑造的视野和思维方式上，不能对已经不再是个案的“新历史”漠然处之。**研究“新历史”是中国学人的历史责任**。

世界政治学的难点与希望。寻求合作与人类共同安全的世界政治应该成为一代人的观念，但当下的一代人又是从“旧历史”中过来的，而且“旧历史”所建构的利益结构时刻在约束着人的思维和行为方式。我们知道，西方自古希腊以来的历史就走不出“修昔底德陷阱”，国家间的战争或准战争状态是历史常态。这个长时间进程足以建构起思维结构而形成民族性，而且具有民族性的政治心理结构一旦形成就有超强的稳定性和滞后性。反过来，这种历史进程中所建立起来的现状性利益结构又在强化着历史结构。具体而言，美国的军事工业复合体豢养了无数个依附其上的利益集团，不但包括军队、工业集团，还有科研机构和所谓的智库。路径依赖中的报酬递增原则决定了这种主宰美国命运的深层结构必然要把自己的利益最大化，而寻找外部的“国家敌人”一直是最有效的方式。因此，亨廷顿说美国需要适度的外部敌人而凝聚国内力量；因此，即使倡导“世界政治的思维框架”的亨廷顿虽然开创了世界政治学的典范，最终也不过是为了寻找敌人即“文明的冲突”。对于西方历史文明中的“立法者”而言，他们已经因路径锁定而难以自拔。

世界政治学的命运既取决于美国的情势，也取决于中国的发展状况，因为世界秩序说到底是由特定时代的中心国家的国家治理能力决定的。如果形成以中国为中心的全球化，中国在国际组织和观念上的供给能力将对世界秩序有着重大影响。可以想象，以共商、共建、共享为原则的“人类命运共同体”理念将对世界秩序的走向有着毋庸置疑的重要性。

四、比较政治学和世界政治学的研究路径：历史政治学

新研究议程需要新研究路径或者研究范式去落地。我们提出的历史政治学，既可以用来研究以国家治理能力为主题的比较政治研究，也可以用来研究世界政治学。所谓历史政治学，回答重大现实－理论问题的历史渊源与时间性因果关系，其关键词是历史本体论、历史连续性和时间空间化。历史本体论即历史的类属存在问题，突破了仅仅把历史当作方法的习惯，作为类属存在的历史是什么，本身就需要研究，然后才谈得上“历史的方法”，诸如历史主义、历史社会学、历史制度主义等等。**历史政治学**已经被普遍地认为是中国本土的政治学，**是发展中国政治学的一种新路径**。这种源自本

土的研究路径，因其特别重视历史研究之发现，而世界政治学在根本上是以深层的历史结构而立论的学科，因而历史政治学是研究世界政治学的重要方法和路径。

历史政治学与国家治理能力比较研究

国家治理能力由国家–社会合作能力、制度整合力和政策执行力构成，其中每一种能力都来自时间进程所积累起来的社会结构之中。每一个国家的文明史都是既定的，而且发展中国家的民族民主解放运动只完成了民族在政治形式上的解放，大多数国家并没有进行以土地革命为核心的社会革命，而且殖民地遗产即分而治之形成的碎片化政治即强社会政治非常普遍，这种时间进程所塑造的社会结构根本性地约束了国家治理能力。

同样，对发达国家而言，“先发优势”取决于很多情境性条件，比如美国可以大张旗鼓地对印第安人搞种族清洗，可以殖民地掠夺，可以肆无忌惮地搞不平等条约，等等。今天，这一切都变了或至少发生了很大改变，而后发国家“逆袭”而上，根本性改变了过去 300 年先发的历史情境和社会条件，西方国家和非西方国家可以在一个尺度上比较国家治理能力，既可以弄清楚实行西方制度的非西方国家的治理能力是什么状况，也可以发现走自己道路的非西方国家的不同治理能力。

可见，历史政治学几乎是为国家治理能力研究量身定制的一种研究路径。更重要的是，历史政治学的求善治功能，不但历史地回答了各国国家治理能力之差异，还可以为各国的国家治理汲取智慧。其实，在各个文明体中，不管在政治制度上具有多少形式上的同一性，宏观制度下的中观制度安排，尤其是微观的政治习惯和政治机制，都是本土的。在这个意义上，研究中观－微观层面的制度和行为方式，就是在研究有关国家的历史政治；反之，每个国家的治理实践和治理能力，都深深地根植于各自的历史，因而理解各自的历史可以提升对不同国家治理能力的理解。

历史政治学与世界政治学研究

世界政治学主要讲的是政治思潮所诱发的国内制度变迁和由此而形成的国际关系和世界秩序。亨廷顿所说的“世界政治的思维框架”首先是一种由时间进程所建构的深层结构。无论是时间进程还是深层结构的研究，都离不开历史政治学；同时，世界政治学是基于比较政治研究而来的，为国家治理能力比较研究而量身定制的方法论，自然地适用于世界政治学。

我在既往的研究中指出，世界政治是一个层次性概念，分为时间进程所塑造的深层结构、国家单元层次构成的现状性结构和社会次单元层次的微观结构，不同的层次有不同的研究单元或者研究路径。我们最关心的是时间进程所塑造的深层结构，关于深层结构研究，至少有霍布森的帝国主义论、沃勒斯坦的世界体系论、亨廷顿的文明冲突论，每一种研究都是事实性的历史政治学路径。

五、结语

作为一种研究路径的历史政治学之于新研究议程的意义重大。之所以如此，一个重要原因在于历史就是中国人的“宗教”，中国学者几乎是与生俱来的“历史学家”，这不但是因为中华文明的历史悠久性与连续性，还因为中国历史一直以政治史为主，由此而形成的历史想象力自然是可遇不可求的知识财富和思想财富。世界秩序大变局在某种程度上是治理思想与治理学说诱发的，当一种思想和学说所论述的世界秩序动摇后，必然呼唤新思想新学说的出现，而全球新冠疫情无疑会助推这种转换。中国人可以向世界贡献的最宝贵的资源还是自己的历史文明和在此基础上形成的政治思想，**历史政治学就是这种政治思想的一种学理化、学科性表述**。

图书在版编目（CIP）数据

政治学：美好的学问 / 本书编写组著 . -- 北京：中国人民大学出版社，2025. 8. -- ISBN 978-7-300-34171-2

Ⅰ. D0

中国国家版本馆 CIP 数据核字第 2025NB9687 号

政治学：美好的学问

本书编写组　著

Zhengzhixue: Meihao de Xuewen

出版发行	中国人民大学出版社		
社　　址	北京中关村大街 31 号	邮政编码	100080
电　　话	010-62511242（总编室）		010-62511770（质管部）
	010-82501766（邮购部）		010-62514148（门市部）
	010-62511173（发行公司）		010-62515275（盗版举报）
网　　址	http://www.crup.com.cn		
经　　销	新华书店		
印　　刷	北京昌联印刷有限公司		
开　　本	890 mm × 1240 mm　1/32	版　　次	2025 年 8 月第 1 版
印　　张	8.25	印　　次	2025 年 8 月第 1 次印刷
字　　数	108 000	定　　价	48.00 元